C.H.BECK WISSEN

Stress, Krisen und Niederlagen gehören zu jedem Leben dazu. Nicht wenige Menschen haben sogar mit traumatischen Erfahrungen zu kämpfen. Darin allerdings, wie wir solche Ereignisse verkraften und bewältigen, unterscheiden wir uns erheblich. Während der eine schon von kleinen Krisen aus der Bahn geworfen wird, überwindet der andere selbst schwerwiegende negative Erlebnisse rasch. Für die geheimnisvolle Kraft, die ihn auszeichnet, hat sich in der Psychologie der Begriff der «Resilienz» eingebürgert. Die psychische Widerstandskraft ist eine Verbindung von Veranlagung, Prägung und Erfahrung. Trotzdem ist sie keineswegs statisch, sondern kann sich, wie Rebecca Böhme an vielen Beispielen zeigt, im Laufe des Lebens wandeln: durch Übung, Re-Evaluation und nicht zuletzt durch ein vertrauensvolles soziales Miteinander.

Rebecca Böhme ist Neuropsychologin und forscht am Zentrum für soziale und affektive Neurowissenschaften in Linköping, Schweden. Bei C.H.Beck ist von ihr erschienen: *Human Touch. Warum körperliche Nähe so wichtig ist* (2019) und *Mind your Glücksschwein* (2022).

Rebecca Böhme

RESILIENZ

Die psychische Widerstandskraft

C.H.Beck

Mit 2 Abbildungen

Die erste Auflage dieses Buches erschien 2019.

2., aktualisierte Auflage. 2024

Originalausgabe

www.chbeck.de
Reihengestaltung Umschlag: Uwe Göbel (Original 1995, mit Logo),
Marion Blomeyer (Überarbeitung 2018)
Umschlagabbildung: © Shutterstock/Zacarias Pereira da Mata
Satz: C.H.Beck.Media.Solutions, Nördlingen
Druck und Bindung: Druckerei C.H.Beck, Nördlingen
Printed in Germany
ISBN 978 3 406 82481 4

verantwortungsbewusst produziert
www.chbeck.de/nachhaltig

Inhalt

1. Begriffsklärung und Einordnung

Begriffsdefinition

Stress, Krisen, Niederlagen sowie leidvolle, traumatische Erfahrungen gehören zu jedem Leben dazu. Traumatische Ereignisse wie der Verlust einer geliebten Person, Gewalterfahrung oder Krankheit sind häufig.[1, 2] Je nach Erhebungsmethode und Erhebungsland liegen die Näherungswerte für das Erleben eines traumatischen Ereignisses mindestens einmal im Leben zwischen 60 und 90 Prozent.[3] Das bedeutet, dass beinahe jeder von uns etwas erlebt, das eine emotionale Reaktion auslöst, die so stark ist, dass das Ereignis nach dem diagnostischen Manual der psychischen Störungen (DSM) als psychologisches Trauma charakterisiert werden könnte.[4] Darin jedoch, wie der Einzelne solche Ereignisse verkraftet und bewältigt, unterscheiden wir uns erheblich. Während der eine selbst schwerwiegende negative Erlebnisse rasch überwindet, ja möglicherweise sogar gestärkt daraus hervorgeht, wird der andere von kleinen Krisen aus der Bahn geworfen.

Nur 5 bis 10 Prozent all derjenigen, die ein traumatisches Ereignis erleben, entwickeln eine posttraumatische Belastungsstörung (englisch: *posttraumatic stress disorder*, PTSD). Doch traumatische Erlebnisse und Krisen können auch andere Folgen haben: Burn-out, Ermattungssyndrom, Depression. Zudem liegen Stress und Traumata häufig anderen gesundheitlichen Beschwerden zugrunde, die gar nicht mit der Psyche in Verbindung gebracht werden, oder können einen negativen Einfluss auf Krankheitsverläufe haben. Da die Wahrscheinlichkeit hoch ist, im Leben negativen Erfahrungen ausgesetzt zu sein, liegt es nahe, diesen durch die Förderung der psychischen Widerstandsfähigkeit präventiv zu begegnen. Warum manche Menschen eine stärkere psychische Widerstandskraft haben als andere und wie man die Psyche stärken kann, davon handelt dieser Band.

Für die psychische Widerstandsfähigkeit hat sich der Begriff der «Resilienz» eingebürgert, der vom Lateinischen *resilire* (deutsch: zurückspringen, abprallen) abstammt. Gemeint ist die Fähigkeit, Krisen zu bewältigen und sie durch Rückgriff auf persönliche und sozial vermittelte Ressourcen als Anlass für Entwicklungen zu nutzen.[5] Ganz allgemein gesprochen, kann Resilienz als die Fähigkeit eines Systems definiert werden, nach einer Störung wieder in seine Ausgangsposition zurückzukehren und dabei die gleiche Funktion, Struktur oder Identität zu behalten. Insofern kann der Begriff «Resilienz» auch für andere Systeme als die menschliche Psyche genutzt werden. Wie wir im weiteren Verlauf sehen werden, ist die Beschreibung der Resilienz als «Widerstandsfähigkeit» eigentlich fehlleitend – denn der Begriff «Widerstand» impliziert ein hartes Gegen-etwas-Ankämpfen, während es sich bei der Resilienz vielmehr um sanfte Flexibilität und Anpassungsfähigkeit handelt. Trotzdem werde ich das Synonym «Widerstandsfähigkeit» im Text verwenden, im Sinne einer auf Dauer den Widrigkeiten trotzenden Psyche. Wir wollen hier «Resilienz» als die Erhaltung oder zügige Wiederherstellung der psychischen Gesundheit nach einem traumatischen Erlebnis oder während adverser Lebensumstände definieren.

Resilienz in anderen Bereichen

Die Resilienz eines Systems hängt von seiner Fähigkeit ab, Störungen zu absorbieren und sich neu zu organisieren. Dies lässt sich gut am Beispiel eines Ökosystems verdeutlichen. Wird ein kleiner Bachlauf durch sauren Regen verschmutzt, schadet dies kurzfristig einigen Tieren und Pflanzen. Dies ist die Störung. Doch da sich das Wasser im Fluss befindet, verteilt sich das schädliche Regenwasser rasch – die Störung wird also absorbiert, und das Ökosystem Fluss kann zu seinem Ausgangszustand zurückkehren. Ein anderes Beispiel ist das Einbringen einer neuen Pflanzenart in ein existierendes Ökosystem. Die neue Pflanze breitet sich möglicherweise stark aus und beginnt heimische Pflanzen zu verdrängen. Wenn jedoch einige der heimischen Tiere diese neue Pflanzenart als Nahrungsquelle entdecken, können sie deren Zahl wieder dezimieren: Das Ökosystem passt sich also an die neuen Gegebenheiten an. Wenn sich ein neues Gleichgewicht entwickelt, hat das Ökosystem resilient auf die Störung reagiert.

Auch in Bezug auf unser Klima können wir von Resilienz sprechen: Die Fähigkeit von Ozeanen und Wäldern, CO_2 aufzunehmen, also wortwörtlich zu absorbieren, hatte für eine lange Zeit zur Folge, dass sich trotz erhöhtem CO_2-Ausstoß keine sofortigen Konsequenzen für das Klima ergaben. Sobald jedoch die Ozeane und Wälder gesättigt sind, hat das Klimasystem keine Möglichkeit mehr, resilient zu reagieren.

Ähnliche Beispiele lassen sich auch im technischen Bereich finden, so etwa in Bezug auf Eigenschaften von Materialien (Aufnahme von Energie in Form von Deformation oder Wärme) oder Gebäuden (Stabilität bei Wind oder Erdbeben). Sogar auf soziale Systeme wie eine Schulklasse oder eine Stadt kann das Prinzip der Resilienz angewandt werden. Der Begriff der «resilienten Gesellschaft» wurde öfter im Rahmen der Berichterstattung zu Terroranschlägen genannt. In diesem Buch liegt der Fokus auf der psychischen Resilienz eines Individuums.

Historische Entwicklung des Konzeptes

Der Begriff «Resilienz» wird in der Psychologie erstmals in den 1970er Jahren verwendet. Das Konzept einer starken Psyche, die Widrigkeiten trotzt, ist jedoch nichts Neues. Schon früher beschäftigte Wissenschaftler und Philosophen die Frage, was einen Menschen gesund hält – körperlich und psychisch, denn letztendlich sind diese beiden Bereiche untrennbar miteinander verbunden. Bereits in der Antike lehrte der Stoizismus, wie ein Mensch seine Psyche stärken und besser mit Schicksalsschlägen umgehen kann. Stoische Philosophen wie Seneca oder der römische Kaiser Marc Aurel übten sich in einer Geisteshaltung von Gelassenheit und Gleichmut. Äußere Umstände können wir nicht verändern, so die Lehre, wohl aber unsere Gedanken und Reaktionen. Der französische Arzt Philippe Pinel, oftmals als «Vater der modernen Psychiatrie» bezeichnet, beschrieb um 1800, dass Unglücke, unerwartete Schicksalsschläge und schwierige Lebensumstände das Risiko für Geisteskrankheiten erhöhen. Als einer der ersten Ärzte sah er Menschen mit psychiatrischen Störungen als Behandlungsbedürftige, nicht lediglich als «Verrückte» an. Im 20. Jahrhundert widmete sich die Forschung verstärkt den Mechanismen und Zusammenhängen zwischen widrigen Erfahrungen und dem Entstehen psychiatrischer Erkrankungen. Ein besonderer Fokus lag hier auf frühkindlichen Erfahrungen und stützte sich auf Untersuchungen von Kindern, die unter schwierigen Bedingungen aufwuchsen. Forschungen von John Bowlby,[6] Mary Ainsworth[7] und Harlows Experimente mit Affen[8] um 1950 zeigten, wie wichtig die frühkindliche Erfahrung und die Bindung an die Eltern ist. Die Psychologen überschätzten zwar damals die Generalisierbarkeit und die Unumkehrbarkeit des psychologischen Schadens, den eine schlechte Bindung an die Pflegepersonen anrichten kann – doch in einer Zeit, in der jegliche Zuwendung zu Kindern als Verwöhnen angesehen wurde, war das vielleicht gar nicht so schlecht, da es zu gesellschaftlichem Umdenken führte. Anschließende Studien um 1970/80 fanden dann, dass nicht alle Kinder, die unter widrigen Lebensumständen groß werden, und nicht alle Erwachsenen, die einen Schicksalsschlag erleiden, zwangsläufig eine psychiatrische Erkrankung entwickeln. In einer großangelegten Studie untersuchten die Psychologinnen Emmy Werner und Ruth Smith die Entwicklung von Kindern aus schwierigen Verhältnissen in Hawaii. Ein Drittel der Kinder war mit zehn Jahren nicht verhaltensauffällig. Diese Kinder beschrieben die Forscherinnen als *resilient.*[9] Andere Studien schätzen sogar die Hälfte der Kinder, die unter schwierigen Bedingungen aufwachsen, als resilient ein.[10] In diesem Zusammenhang kam damals der Gedanke der «unverwundbaren» Kinder auf, die jegliche Widrigkeiten unbeschadet überstehen.[11] Doch auch das war eine Überinterpretation der Daten, wie wir heute wissen.

Ebenfalls in den 1970er Jahren arbeitete der Soziologe Aaron Antonovsky mit ehemaligen Insassen von Konzentrationslagern. Er stellte mit Erstaunen fest, dass näherungsweise 30 Prozent der Studienteilnehmer gesundheitlich unbeeinträchtigt waren. Er schlug vor, dass drei Aspekte zentral für diese Gesunderhaltung sind: die Fähigkeit, die Erlebnisse zu verstehen und einzuordnen, das Gefühl, die Kontrolle über das eigene Leben zu haben und es gestalten zu können, und die Überzeugung, dass Anstrengungen und Herausforderungen einen Sinn haben. Ein mit der Resilienz verwandter Begriff, der in den 1980er und 1990er Jahren en vogue war, ist der englische Ausdruck *hardiness* (zu Deutsch etwa «Widerstandsfähigkeit»). In einer großangelegten Studie bei einem amerikanischen Konzern, der innerhalb eines Jahres die Hälfte seiner Mitarbeiter entlassen hatte, konnten Forscher zeigen, dass Stress und Krankheit zwar zusammenhängen, dieser Zusammenhang jedoch durch Persönlichkeitsmerkmale und individuelle Verhaltensweisen beeinflusst wird.[12] Bereits damals zeigten Untersuchungen, dass bestimmte Eigenschaften und Einstellungen in Kombination mit zwischenmenschlicher Unterstützung und regelmäßiger sportlicher Betätigung einen Schutzmechanismus gegen stressinduzierte Erkrankungen darstellen.[13] Auf diese Eigenschaften und Verhaltensweisen kommen wir in Kapitel 5 (Strategien für mehr Resilienz) zurück.

Das Konzept der Resilienz steht gerade heute im Fokus der gesellschaftlichen Debatte, da Politiker, Krankenkassen und Pädagogen immer mehr den Wert der Prävention entdecken. Die neue Devise lautet, durch Förderung von Resilienz Entwicklungsstörungen, psychischen Erkrankungen und auch kriminellem Verhalten vorzubeugen.

Kritik am Resilienzkonzept

Das Konzept der Resilienz wurde ursprünglich auf schwere Traumata und eine schwierige Kindheit angewandt. Heutzutage fällt der Begriff in vielen anderen Zusammenhängen. So gibt es beispielsweise inzwischen beim Militär Programme, die die Resilienz von Soldaten beim Einsatz in Krisengebieten stärken sollen. Ein anderes Beispiel sind Resilienztrainings in Unternehmen, die die Mitarbeiter stressresistenter und somit leistungsfähiger machen sollen. Resilienz wird immer stärker Teil des Selbstoptimierungstrends. Diese Entwicklung wird kritisiert, da sie die

Verantwortung für Leistungsfähigkeit und psychische Gesundheit zum Individuum hin verschiebt, statt an gesellschaftlichen Lösungen zu arbeiten. Dies kann schnell dazu führen, dass der Einzelne dafür verantwortlich gemacht wird, wie er oder sie mit Schwierigkeiten und negativen Ereignissen umgeht. Wer eine Kündigung nicht als Entwicklungschance sieht und im Angesicht von Zukunftsangst und Finanzsorgen nicht über sich selbst hinauswächst, ist dann leicht «selbst schuld», wenn er oder sie nicht rasch eine neue Stelle findet. Dieses individualisierte Resilienzkonzept verliert aus den Augen, dass viele Stressfaktoren durch gesellschaftliche Bedingungen gegeben sind, gegen die der Einzelne nicht viel ausrichten kann. Statt gesellschaftliche Veränderungen zu fordern, wird der Resilienzbegriff dazu missbraucht, dem einzelnen Menschen mangelhafte Leistungsfähigkeit vorzuwerfen. Ein Beispiel hierfür könnte folgende Situation sein: Eine Person leidet unter dem Verlust eines geliebten Menschen, doch wird bei der Arbeit nach ein oder zwei Wochen wieder voller Einsatz erwartet. Kann der Arbeitnehmer diesen nicht bringen, wird ihm oder ihr mangelhafte Resilienz vorgeworfen – anstatt die Voraussetzungen dafür zu schaffen, dass der trauernde Mensch mehr Freiraum bekommt und Unterstützung durch eine Gemeinschaft erfährt.

Trotzdem ist der Wunsch des Einzelnen, seine Resilienzfähigkeit zu steigern, natürlich legitim. Auch sind Präventionsprogramme für Kinder und Jugendliche dringend nötig. Daher beschreibe ich im letzten Teil dieses Buches Strategien, wie man Resilienz fördern kann. Allerdings sollte im Auge behalten werden, dass chronischer Stress und negative Lebensereignisse uns immer belasten werden, selbst wenn wir alle bekannten Strategien für Resilienz nutzen. So wird Resilienz den Verlust eines geliebten Menschen nicht weniger schmerzhaft machen. Und, um es noch einmal zu wiederholen: Die Verantwortung für die Verarbeitung von Traumata und dauerhaftem Stress darf nicht ausschließlich beim Individuum liegen – vielmehr können und sollten die Gemeinschaft und die Politik aktiv zur Resilienzförderung beitragen.

2. Stress

Stressoren

Um das Konzept der Resilienz besser zu verstehen, wollen wir uns zunächst dem Stresserleben und dessen Verarbeitung zuwenden. Umgangssprachlich wird der Begriff Stress meist genutzt, um auszudrücken, dass wir «zu viel zu tun haben». Wir wollen hier diese Definition erweitern, um das psychologische Konzept der *Stressoren* mit einzubeziehen. «Stress» ist unsere Reaktion auf einen Stressor, also einen Reiz, der die innere Balance unseres Körpers (die «Homöostase») stört.[14] Dabei lässt sich zwischen positivem Stress, dem sogenannten Eustress, und negativem Stress, dem sogenannten Disstress, unterscheiden. Nicht nur die Anzahl der vorhandenen Stressoren bestimmen den individuellen Stresslevel, sondern auch die Art des jeweiligen Stressors. So hat die Trennung vom Partner einen größeren Einfluss auf das Stresserleben als ein Umzug in einen anderen Stadtteil. Um dies messbar zu machen, entwickelten die Psychiater Thomas Holmes und Richard Rahe in den 1960er Jahren eine Skala, die die gängigsten positiven und negativen Stressoren quantifiziert. Die Social Readjustment Rating Scale[15] weist den Stressfaktoren Werte zu, deren Größe davon abhängt, wie stark sie das Leben verändern. So erhält der Verlust des Ehepartners 100 Punkte, eine Scheidung 73 Punkte, ein Gefängnisaufenthalt 63 Punkte, der Jobverlust 47 Punkte und eine Schwangerschaft 40 Punkte. Am unteren Ende finden sich unter anderem eine Veränderung der Schlafgewohnheiten mit 16 Punkten und der Essgewohnheiten mit 15 Punkten. Die Bewertung der Einflussstärke dieser Ereignisse hat sich sicherlich heutzutage im Vergleich zu 1960 verändert. Eine neuere Version der Skala wurde 1998 veröffentlicht,[16] doch auch diese muss kritisch betrachtet werden, da sie auf einer Stichprobe beruht, die mehr Frauen als Männer und mehr Menschen kaukasischer als anderer Abstammung umfasste (zu dieser Problematik siehe auch Kapitel 3).

Diese Skalen bieten einen Ansatzpunkt, Stressoren zu quantifizieren. Doch unterscheidet sich der Einfluss eines Stressors von Person zu Person. Dies verdeutlicht das Stressmodell von Lazarus aus den 1980er Jahren. Der Psychologe Richard Lazarus entwickelte eine Stresstheorie, die die individuelle Bedeutung vorhandener Stressoren in den Mittelpunkt rückte.[17] Anforderungen, die für den einen schon Stress sind, können für den anderen genau richtig, ja wünschenswert sein. Lazarus' Theorie beinhaltet außerdem einen wichtigen Zwischenschritt zwischen dem Auftreten eines Stressfaktors und der Reaktion der betroffenen Person darauf: die Bewertung. Das Modell geht davon aus, dass ein Stressfaktor zuerst als irrelevant, positiv oder negativ eingeordnet wird. In einem zweiten Schritt bewertet der Betroffene, welche Ressourcen ihm oder ihr zur Verfügung stehen, um auf den Stressfaktor zu reagieren. Erst wenn in diesem Schritt ein Mangel an Ressourcen erkannt wird, führt der Stressor tatsächlich zum Empfinden von Stress. Nun muss der Betroffene auf diesen Stress reagieren. Die Art und Weise, wie wir Stress bewältigen, nennt man «Coping». Hat der oder die Betroffene den Stressfaktor erfolgreich bewältigt, kann im nächsten Schritt eine Neubewertung des Stressors als weniger negativ stattfinden, so Lazarus.

Ein weiteres Modell, mit dem die Psychologie individuelle Unterschiede der Stressreaktion erklärt, ist das sogenannte Vulnerabilitäts-Stress-Modell. Dieses besagt, dass zwei Faktoren zu unserer Resilienz beitragen: sowohl die individuelle Veranlagung dafür, wie sensibel oder verletzlich man auf Stress reagiert, die Vulnerabilität, als auch die Menge an Stress, der der Einzelne ausgesetzt ist. Gemeinsam bestimmen diese Faktoren, wann die individuelle Schwelle der Belastbarkeit erreicht ist und wann negative Erlebnisse zu einer psychischen Erkrankung führen. Dieses Modell besagt, dass wir aufgrund unterschiedlicher Vulnerabilität mehr oder weniger Stress verkraften können. Die individuelle Vulnerabilität wird dabei häufig veranschaulicht als ein Gefäß, das ein unterschiedlich großes Fassungsvermögen für Stressfaktoren haben kann. Dieses Bild stellt die individuelle Fähigkeit zur Stressbewältigung als statisch und unveränderbar dar. Dass dies nicht richtig ist, werden wir im Verlauf dieses Buches sehen. Ein Vorteil des Vulnerabilitäts-Stress-Modells ist, dass es gut verdeutlicht, weshalb uns nicht nur Naturkatastrophen, Kriege oder andere hochtraumatische Ereignisse aus der Bahn werfen können. Solche Erlebnisse würden als eine einmalige, große Menge Stress das Gefäß zum Überlaufen bringen. Doch ebenso kann ein kontinuierlicher, langsamer Zufluss von Stress auf Dauer das Gefäß bis an sein Fassungsvermögen füllen: Chronischer Stress kann uns auf Dauer ebenso schaden.

Stressverarbeitung

Um Resilienz verstehen zu können, müssen wir uns zuerst den biologischen Reaktionen des Körpers auf Stress zuwenden. Wenn wir einem Stressor ausgesetzt sind, reagieren wir, und zwar möglichst so, dass wir unser Gleichgewicht – wir könnten auch sagen «unseren Normalzustand» – wieder erreichen. Dieses Erhalten des Gleichgewichts wird «Allostasis» genannt, was so viel heißt wie «Stabilität erreichen durch Veränderung». Wir müssen bei der Definition von Gleichgewicht gar nicht festlegen, ob es sich um einen physiologischen oder um einen psychologischen Zustand handelt. Beide Bereiche sind eng miteinander verknüpft und lassen sich eigentlich gar nicht voneinander trennen. Unsere psychischen Zustände sind immer auch ein physiologischer Vorgang, vermittelt durch die Aktivität von Neuronen oder andere biologische Mechanismen. Dafür lassen sich leicht Beispiele aus beiden Bereichen, dem psychischen und dem physiologischen, finden. Ein physiologischer Stressor kann zum Beispiel ein Krankheitserreger sein. Der Körper reagiert mit einer Immunantwort, um den gesunden Zustand wiederherzustellen: das ist die Allostasis.[18] Die Trennung von einem Partner ist ein psychischer Stressor, aber die mögliche Reaktion hierauf, etwa eine depressive Verstimmung, lässt sich auch physiologisch nachweisen, anhand erhöhter Cortisolwerte, erhöhter Entzündungsmarker, veränderter neuronaler Aktivität und veränderter Neurotransmitterkonzentrationen. Die Reaktion, das Herstellen des psychischen Gleichgewichts durch Verarbeitung der Trennung, geht auch mit einer Normalisierung aller dieser physiologischen Werte einher. Kommen allerdings zu viele Stressoren zusammen oder hat der Körper keine Zeit, sich von einem dauerhaft vorhandenen Stressor zu erholen, gerät der Betroffene in den Zustand der allostatischen Überlastung.[19] Dieser Zustand kann auch eintreten, wenn der Körper die allostatische Reaktion nicht wieder beendet, obwohl bereits ein Gleichgewichtszustand erreicht ist – etwa wenn das Immunsystem aktiv bleibt, nachdem eine Krankheit erfolgreich bekämpft ist, oder wenn eine depressive Verstimmung sich in eine Depression verwandelt. In Form der Allostasis ist die Stressreaktion also eine wichtige, notwendige Form der Anpassung an Stressoren und an Herausforderungen unserer Umwelt, die zum Leben dazugehören. Gerät aber der Vorgang des Sich-Anpassens selbst aus der Balance (allostatische Überlastung), können die Folgen schädlich für die Gesundheit sein.

Die Details der Stressreaktion des Körpers unterscheiden sich je nach Stressor. Es gibt jedoch einen Mechanismus, der bei der akuten Reaktion auf alle Stressoren zentral ist. Im Mittelpunkt steht dabei die «Hypothalamic-pituitary-adrenal axis», kurz HPA-Achse.[20] Der Name fasst die wichtigsten Regionen zusammen, die unsere Stressreaktion kontrollieren: den Hypothalamus, die Hypophyse und die Nebenniere. Der Hypothalamus und die Hypophyse liegen direkt benachbart weit unten im Gehirn, in einem entwicklungsgeschichtlich alten Bereich. Diese beiden Regionen steuern das autonome Nervensystem, also die Teile unseres Nervensystems, die unbewusst ablaufen und vor allem die grundlegenden Körperfunktionen regulieren, wie beispielsweise Atmung, Körpertemperatur und Verdauung. Bei Stress schüttet der Hypothalamus Botenstoffe aus, welche die Hypophyse anregen, das sogenannte adrenocorticotrope Hormon freizusetzen. Dieses löst dann wiederum in der Nebenniere die Freisetzung von Glucocorticoiden aus, wozu auch das bekannte Stresshormon Cortisol zählt. Cortisol erhöht die Aktivität des sympathischen Nervensystems, den Teil des autonomen

Nervensystems, der unseren Körper in einen aktiven Zustand versetzt: Die Verdauung wird verlangsamt, dafür steigt der Blutzuckerspiegel, wodurch den Muskeln und dem Gehirn Energie zur Verfügung gestellt wird, Atmung und Herzschlag werden schneller.

Diese Reaktion war für unsere Vorfahren sehr sinnvoll: Im Falle einer Bedrohung mussten sie entweder kämpfen oder fliehen («fight or flight»). Dafür brauchten sie sowohl Energie als auch höchste Konzentration. Vor diesem Hintergrund macht es auch Sinn, dass die Stressreaktion zuerst einmal unbewusst abläuft und sich nicht leicht beeinflussen lässt. Die HPA-Achse verfügt aber auch über einen Rückkopplungsmechanismus, über den sich die Stressreaktion selbst reguliert: Erhöhtes Cortisol unterdrückt nach einer Weile die Aktivität des Hypothalamus, so dass der Cortisollevel wieder fällt. Allerdings können viele weitere Faktoren dieses System beeinflussen, und die natürliche Regulation ist individuell variabel. Hinzu kommt, dass dauerhafter Stress den Rückkopplungsmechanismus schwächt, was dann zu Burn-out führt.[21] Wer längere Zeit unter Stress leidet, hat einen dauerhaft erhöhten Cortisolspiegel, zeigt aber eine abgeschwächte Reaktion auf akuten Stress. Das Stresssystem ist allerdings deutlich empfindlicher geworden: Nach einem stressigen Ereignis dauert es länger, bis das Cortisol wieder auf seinen Grundlevel sinkt.[22]

Stress an sich ist nicht schädlich, kann sogar nützlich sein. Schließlich versetzt die Stressreaktion uns in eine Art Bereitschaftszustand. Wir werden aufmerksamer, wacher, reagieren schneller. Dieser Zustand ist nicht nur für die Flucht vor Tigern oder die Jagd auf Mammuts nützlich, sondern ebenso hilfreich vor einer wichtigen Prüfung oder Präsentation. Viele Menschen mögen eine gewisse Menge an Stress. Es kommt also wie bei so vielem auf das richtige Maß an – welches aber individuell variieren kann.

Chronischer Stress kann hingegen strukturelle Veränderungen in unserem Gehirn zur Folge haben. Einige Regionen im Gehirn sind besonders sensibel für andauernden Stress. Besonders eine Region, die für das Abspeichern von Erinnerungen essenziell ist,

ist davon betroffen: der Hippocampus. Der Hippocampus ist die einzige Region im Gehirn, die neue Nervenzellen bilden kann. Diese sogenannte Neurogenese wird durch Stress gestört. Hinzu kommt, dass Stress zu einem Schrumpfen der Dendriten, der Fortsätze der Neuronen, führt.[23] Diese Effekte können so stark sein, dass Menschen, die ein traumatisches Erlebnis haben oder eine besonders stressige Zeit durchleben, ein verschlechtertes Erinnerungsvermögen entwickeln. Lässt der Stress nach, kann sich der Hippocampus und damit das Erinnerungsvermögen glücklicherweise auch wieder erholen.

Bei PTSD-Patienten ist der Hippocampus oft kleiner als bei Menschen, die ebenfalls ein Trauma erlebten, jedoch kein PTSD entwickelten.[24, 25] Unklar ist jedoch, ob nun der Hippocampus infolge des erhöhten Stressempfindens geschrumpft ist oder ob ein kleinerer Hippocampus das Risiko, nach einem traumatischen Erlebnis an PTSD zu erkranken, erhöht. Eine mögliche Antwort gibt eine Studie mit Zwillingspärchen, von denen einer unter PTSD litt und der andere nicht.[26] Diese wurden mit Zwillingspärchen verglichen, von denen einer ein Trauma erlebt hatte, aber kein PTSD entwickelte. Teilnehmer, deren Zwilling unter PTSD litt, hatten jeweils einen deutlich kleineren Hippocampus als Teilnehmer, deren Zwilling nach einem Trauma kein PTSD entwickelte. Dies deutet darauf hin, dass ein kleinerer Hippocampus ein Risikofaktor für das Entstehen von PTSD ist, der das Gehirn anfälliger für die negativen Konsequenzen von Stress macht. Tierexperimentelle Studien zeigen einen klaren Zusammenhang zwischen der Hippocampus-Größe und Stress.[27] Daher können wir vermuten, dass im Fall der Zwillinge die Vulnerabilität erhöht war (was sich in kleineren Hippocampi zeigte), da beide unter vergleichbaren (vermutlich stressigeren) Umständen aufwuchsen. Jedoch lässt sich hier der Einfluss von frühkindlicher Erfahrung und vererbter Veranlagung nicht trennen. Wie wir sehen werden, beeinflusst beides unsere Stressresilienz.

Eine weitere Gehirnregion, die sensibel auf Stress reagiert, ist die Amygdala. Diese auf Deutsch auch oft «Mandelkern» genannte Struktur hat mehrere Teile: Während im lateralen Teil akuter Stress zu einer Zunahme von Dendriten führt, wurde im medialen Teil bei chronischem Stress eine Abnahme der Dendriten beobachtet.[28] Diese strukturellen Veränderungen könnten mit den Symptomen bei posttraumatischer Belastungsstörung und Angststörung zusammenhängen. Die Amygdala ist vor allem für ihre Rolle bei Emotionen und Emotionsverarbeitung bekannt. Wenn wir ängstliche oder wütende Gesichter sehen, wird die Amygdala aktiv. Wer unter sozioökonomisch schwachen Umständen aufwächst (also unter chronischem Stress), zeigt eine stärkere Reaktion der Amygdala auf solche Gesichter (also akuten Stress).[29] Auf die Zusammenhänge von Stresssensibilität und sozioökonomischem Status komme ich später im Detail zu sprechen. Hier geht es mir darum zu veranschaulichen, wie eng Umweltbedingungen, physiologische und psychische Stressreaktion zusammenhängen.

Trauma

Gibt es einen Unterschied zwischen chronischem Stress und traumatischen Erlebnissen? Das Vulnerabilitäts-Stress-Modell legt nahe, dass Traumata lediglich eine einmalige, sehr große Menge Stress darstellen, die das Fass zum Überlaufen bringt. Doch bei extrem belastenden Ereignissen sieht der Verlauf zumindest anfangs anders aus: Bei einmaligen traumatischen Erlebnissen, wie Unfällen oder Attentaten, leiden die Betroffenen unter einem Schock und können oft das Erlebte nicht in Worte fassen. Ein Teil der Menschen, die traumatische Erlebnisse hatten, entwickelt PTSD. Dies bedeutet, dass sie das traumatische Ereignis wiedererleben. Diese sogenannten «Flashbacks» können, anders als normale Erinnerungen, als höchst real empfunden werden, die Betroffenen durchleben das traumatische Ereignis wieder und wieder. Flashbacks können spontan auftreten, in der Form von Albträumen, und durch ähnliche Situationen ausgelöst werden. Letzteres führt zu Vermeidungsreaktionen, die das Leben der Betroffenen einschränken. Ein PTSD-Patient, der einen Autounfall erlitten hat, kann möglicherweise nicht mehr in ein Auto steigen, da dies einen Flashback auslöst. Hinzu kommt, dass Betroffene sich in einem dauerhaften Übererregungszustand befinden und daher unter Schlafstörungen, Ängsten und Anspannung leiden.

Was genau im Gehirn bei PTSD vor sich geht, ist noch nicht klar. Es sieht danach aus, dass das limbische System hyperaktiv ist, während andere Regionen, die jenes eigentlich regulieren sollten, weniger aktiv sind als bei Gesunden.[30] Zum limbischen System gehört die Amygdala, die in der Emotionsverarbeitung wichtig ist und insbesondere mit Furcht und Angst in Zusammenhang gebracht wird. Der Hippocampus interagiert mit der Amygdala und spielt wahrscheinlich eine wichtige Rolle bei der Übertragung der traumatischen Erinnerung auf einen breiteren, ähnlichen Kontext, wenn beispielsweise nach einem Autounfall auch Busse und Straßenbahnen ein Flashback auslösen.

Allerdings sind diese Ergebnisse nicht in allen Studien mit PTSD-Patienten gefunden worden. Vermutlich unterscheiden sich die Mechanismen, die hinter den Symptomen stehen, je nach Form des PTSD und sind auch vom erlebten Trauma abhängig. Das Erleben einer einmaligen, lebensbedrohlichen Situation hat andere Konsequenzen als wiederholte Gewalt in der Partnerbeziehung. Und nicht jedes Trauma ist eine Gewalterfahrung. So lässt sich auch emotionale Vernachlässigung in der Kindheit als Trauma verstehen – dieser Fall ist mit chronischem Stress vergleichbar. Hinzu kommt das Alter, in dem ein traumatisches Erlebnis stattgefunden hat. Wenn sich das Gehirn noch in der Entwicklung befindet, können Traumata besonders schwerwiegende Folgen haben. Sogar die jeweilige Phase der Entwicklung, in der sich ein Betroffener befindet, hat einen Einfluss auf die möglichen Konsequenzen. So erhöhen Traumata vor der Pubertät bei Frauen das Risiko, an einer Depression zu erkranken, Traumata während der Pubertät jedoch das Risiko für eine Angststörung.[31]

Genauso wie das Trauma und die negativen Folgen sich individuell unterscheiden, zeigt auch der Verlauf der Anpassung bzw. Genesung nach einem traumatischen Erlebnis eine große Variationsbreite. Während manche Menschen sich schnell erholen, benötigen andere dazu mehr Zeit. Bei manchen zeigen sich die negativen Folgen erst später, manche Menschen erholen sich gar nicht, andere zeigen sogar eine positive Entwicklung. Zu welcher Gruppe jemand gehört, hängt von unzähligen Faktoren ab, auf die ich im Weiteren eingehen werde.

3. Die Messung von Resilienz

Methoden

Schätzungen darüber, wie viele Menschen als «resilient» eingestuft werden können, belaufen sich auf 25 bis 85 Prozent. Diese große Varianz lässt sich damit erklären, dass die Forschung verschiedene Ansätze nutzt, um Resilienz zu messen. Eine so komplexe Verhaltensweise wie Resilienz zu quantifizieren ist schwierig. Oder handelt es sich gar nicht um eine Verhaltensweise, sondern um eine Eigenschaft? Allein diese Überlegung verdeutlicht die Schwierigkeit, geeignete Messungen zu finden.

Eine relativ einfache Methode ist das Erheben von Schulnoten oder beruflichem Erfolg. Gerade in Bezug auf die Resilienz von Kindern wird diese Methode häufig genutzt. Sie ist jedoch stark eingeschränkt, da sie sich lediglich auf die *Leistungsfähigkeit* einer Person bezieht und ihre emotionale Welt außer Acht lässt. Daher wurden Fragebögen entwickelt, die das individuelle Wohlergehen und Wohlbefinden in Zahlen zu fassen versuchen. Die existierenden Fragebögen beruhen in der Regel auf der Selbstauskunft der Studienteilnehmer und auf bereits vorhandenen Hypothesen darüber, was zur Resilienzfähigkeit beiträgt. In Studien, die Kinder untersuchen, werden häufig auch die Eltern oder andere erwachsene Bezugspersonen befragt, beispielsweise Lehrer oder Erzieher. Diese Instrumente zur Messung von Resilienz untersuchen Eigenschaften des Individuums sowie Verhaltensweisen in sozialen Situationen, die Interaktion mit anderen und die Beziehung mit der Familie.

Als die besten Instrumente zur Messung von Resilienz gelten die Connor-Davidson Resilience Scale, die Resilience Scale for Adults und die Brief Resilience Scale.[32] Die Skalen decken verschiedene Bereiche, sogenannte «Items» ab. Dies gibt uns bereits einen Hinweis darauf, was Resilienz ausmacht und welche Eigenschaften und Verhaltensweisen die Forschung als resilienzfördernd ansieht. Die Resilience Scale for Adults deckt beispielsweise die folgenden Bereiche ab: persönliche Stärken, Selbstwahrnehmung, Wahrnehmung der Zukunft, Strukturiertheit, soziale Kompetenz, familiärer Zusammenhalt und soziale Ressourcen. Bei den Fragen wählt man zwischen verschiedenen Abstufungen zweier Antworten, zum Beispiel: «Meine persönlichen Probleme sind unlösbar / kann ich lösen», «Meine Zukunft erscheint mir vielversprechend / unsicher» oder «Neue Leute kennenzulernen ist schwer für mich / fällt mir leicht». Die Connor-Davidson Resilience Scale schließt zusätzlich Fragen zum Umgang mit Stress ein, zum Gefühl, das eigene Leben steuern zu können, zu Geduld, Humor, Frustrationstoleranz und zur Spiritualität. Die Brief Resilience Scale ist die einzige Skala, die lediglich nach dem Ergebnis, dem *outcome,* fragt, also danach, wie erfolgreich der Befragte mit einem Trauma oder mit Stress umgegangen ist und wie gut er negative Ereignisse verarbeitet hat.

Herausforderungen und Kritik

Selbst wenn man unterschiedliche Maße wie Erfolg in Schule oder Beruf und Ergebnisse der Fragebögen kombiniert, bleibt es eine Herausforderung, Resilienz zu messen; denn individuelle Bewältigungsstrategien genauso wie die Vorstellungen davon, was ein «gelungenes Leben» ausmacht, können höchst unterschiedlich aussehen. Diese Problematik wird in der Forschung in der Frage nach der Validität beschrieben: Misst das Maß, also der Fragebogen oder die Schulleistung, tatsächlich Resilienz?

Hinzu kommt eine generelle Schwierigkeit mit Fragebögen, die auf Selbstauskunft beruhen: Es fällt uns nämlich überraschend schwer, korrekte Einschätzungen unseres eigenen Charakters und unserer Verhaltensweisen zu machen.[33] Das hat unterschiedliche Gründe. Gerade bei Fragen nach Persönlichkeitsmerkmalen geben wir häufig eher an, wie wir gerne *wären*, und nicht, wie wir eigentlich *sind*. Bei Fragen nach Verhaltensweisen in bestimmten Situationen spielt die sogenannte «soziale

Erwünschtheit» eine Rolle. Hier werden die meisten also ihre Antwort in Richtung jenes Verhaltens hin verzerren, von dem sie denken, es würde von ihnen erwartet. Eine weitere Schwierigkeit ist, dass wir uns nicht besonders konsistent verhalten. Wie wir in einer bestimmten Situation reagieren, hängt von unzählbar vielen Einflussfaktoren ab. Die Komplexität des Lebens lässt sich schwer in einigen Fragen abklopfen. Nehmen wir als Beispiel eine Frage aus der Adult Resilience Scale: «Persönliche Probleme kann ich mit niemandem besprechen / mit Freunden oder Familienmitgliedern besprechen.» Es ist leicht vorstellbar, dass ein Proband, der eigentlich eine gute Unterstützung seiner Familie und Freunde genießt, sich aber gerade vor dem Ausfüllen des Fragebogens mit dem Partner gestritten hat, angibt, Probleme mit niemandem besprechen zu können. Ebenso könnte ein aktuelles Problem, das man tatsächlich mit keinem besprechen kann, das Gesamtbild und somit die Verlässlichkeit des Fragebogens verzerren. Die Frage «Ich bin lieber mit anderen zusammen / allein» ist ein gutes Beispiel für die Problematik der sozialen Erwünschtheit. Die meisten Menschen werden hier dazu tendieren, anzugeben, dass sie gern mit anderen zusammen sind, weil keiner als seltsamer Eigenbrötler dastehen möchte. Dabei handelt es sich nicht einmal um eine bewusst falsche Angabe. Es ist gut möglich, dass der Proband wirklich davon überzeugt ist, lieber Zeit mit anderen zu verbringen, sich also als extrovertiert betrachtet, dass dies aber in der Praxis nicht zutrifft. Zudem kann auch hier der Fragezeitpunkt ausschlaggebend sein. Nach einem anstrengenden Arbeitstag, wenn man sich sowieso gerade allein auf die heimatliche Couch wünscht, tendiert man eher zu der Angabe, das Alleinsein vorzuziehen, als wenn man vor dem Ausfüllen den Tag allein zu Hause verbracht hat und sich nach Gesellschaft sehnt. Sicher, die Probanden werden gebeten, die Frage allgemein, nicht auf den aktuellen Zustand hin zu beantworten. Doch wird der aktuelle Kontext immer einen Einfluss auf die Antworten nehmen. Diesem Problem könnten die Versuchsleiter entgegenwirken, indem sie die Probanden die Fragebögen zu verschiedenen Zeitpunkten ausfüllen lassen. Ähneln sich die Antworten, hat der

Fragebogen eine gute Test-Retest-Wahrscheinlichkeit, ein Maß für seine Qualität. Gegen die Verzerrung durch soziale Erwünschtheit hilft dies leider nicht.

Problematisch ist die einmalige Erhebung gerade in Bezug auf das Konzept der Resilienz. Denn dabei handelt es sich weniger um einen statischen Wesenszug als vielmehr um einen dynamischen Prozess. Hier bietet es sich an, die Veränderung der emotionalen Lage und von Verhaltensweisen in Langzeitstudien über einen Zeitraum hinweg zu untersuchen. Das Konzept der Resilienz beinhaltet ja eben genau dies: die Rückkehr zur Normalität nach einem traumatischen Ereignis über einen gewissen Zeitraum hinweg. Der Verlauf kann dabei unterschiedlich aussehen: Manche Menschen werden in ihrem Gemütszustand kaum beeinträchtigt, andere sind zwar schwer beeinträchtigt, erholen sich aber nach einem gewissen Zeitraum, und bei wieder anderen chronifiziert sich das Leiden oder tritt erst schrittweise verspätet ein (Abbildung 1). Diese Unterschiede zeigen sich erst, wenn man den zeitlichen Verlauf nach einem schwierigen Ereignis beobachtet.[34]

Langzeitstudien sind allerdings sehr aufwendig und teuer – und daher leider selten. Für eine solche Studie müssten die Probanden beim Erleben des schwierigen Ereignisses oder der Krise rekrutiert und dann über einen längeren Zeitraum hin beobachtet werden. Solche Untersuchungen existieren – gerade aus dem militärischen Bereich mit Soldaten. Doch die meisten Studien zum Thema Resilienz sind retrospektiv, sie befragen also Menschen, die in der Vergangenheit traumatische Erlebnisse hatten, zu ihrem heutigen Verhalten. Eine im Zusammenhang mit der Resilienzförderung wichtige Form der Validität ist jedoch die der «Vorhersage-Validität»: Inwiefern kann anhand der erhobenen Maße zukünftiges Verhalten vorhergesagt werden. Wenn bestimmte Eigenschaften oder Verhaltensweisen gefördert werden, um die zukünftige Resilienz zu erhöhen, genügt es nicht, wenn Studien zeigen, dass resiliente Menschen diese Eigenschaften haben – denn es ist möglich, dass sie diese Eigenschaften überhaupt erst im Zusammenhang mit ihrer traumatischen Erfahrung erlernt haben. Vielmehr muss gezeigt werden, dass

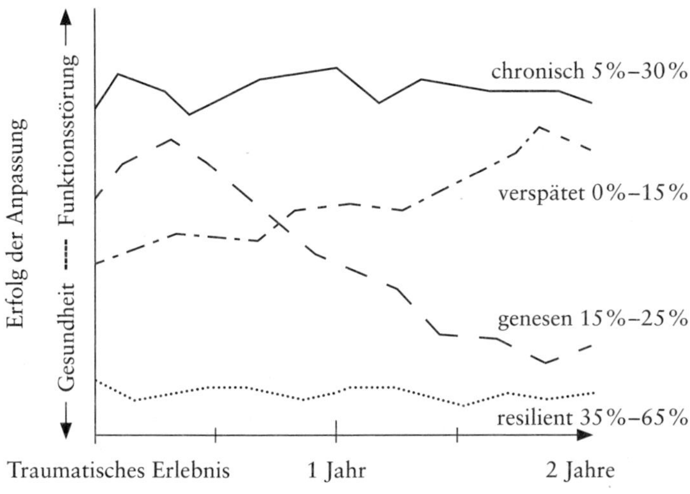

Abbildung 1: Die Verläufe nach einer traumatischen Erfahrung können individuell unterschiedlich aussehen. In etwa lassen sie sich klassifizieren als «Resilienz» (geringe Auswirkungen, relativ stabil), «Genesung» (anfänglich Symptome, gefolgt von schrittweiser Rückkehr zur Normalität), «chronisches Leiden» (Symptome und Einschränkungen, die direkt nach dem traumatischen Erlebnis beginnen und über einen längeren Zeitraum anhalten) und «verspätetes Leiden» (Symptome und Einschränkungen setzen zeitlich versetzt ein und werden schrittweise stärker) (nach: G. A. Bonanno et al.: Resilience to loss and potential trauma, Annu. Rev. Clin. Psychol. 2011, 7: 511–535).

Menschen mit ebendiesen Eigenschaften im Falle eines stressvollen Ereignisses oder Schicksalsschlags resilient reagieren.

Eine weitere Schwierigkeit bei der Messung von Resilienz liegt darin, dass die vorhandenen Fragebögen in der Regel auf der Basis von Studien einer bestimmten Bevölkerungsgruppe entwickelt wurden. Denn die Fragebögen, die nach bestimmten Verhaltensweisen oder Charaktereigenschaften fragen, schränken ja die Antwortmöglichkeiten ein. Die Forscher nutzen bereits vorhandene Annahmen darüber, was einen Menschen resilient macht, um Resilienz zu erforschen. Das ist an sich eine gängige wissenschaftliche Praxis, die auch legitim ist, wenn die Voranannahmen auf Studien beruhen, die sich generalisieren lassen. Doch psychologische Studien leiden grundsätzlich unter der Problematik, dass die Teilnehmer meist junge Studenten sind. Dieses als WEIRD (kurz für White, Educated, Industrialized, Rich, Democratic) bezeichnete Phänomen hat zur Folge, dass die Ergebnisse der Studien zwar auf diese Gruppe der Teilnehmer zutreffen, sich aber nicht für alle Menschen verallgemeinern lassen. Dies hat zur Folge, dass die Forschungsergebnisse nicht für jeden relevant sind und dass Maßnahmen, die die Resilienz stärken sollen, möglicherweise bei der Zielgruppe nicht funktionieren – oder dass sich der Erfolg eines Resilienzprogramms nicht messen lässt, weil sich Resilienz in der untersuchten Bevölkerungsgruppe in einer anderen Art und Weise äußert. So basiert beispielsweise die Connor-Davidson Resilience Scale teilweise auf Daten der *Hardiness*-Studien aus den 1980er Jahren, die in den Manageretagen eines amerikanischen Konzerns erhoben wurden. Wir können davon ausgehen, dass es sich bei den Teilnehmern vor allem um Männer im mittleren Alter mit kaukasischer Abstammung handelte. Hier spricht man von einer mangelhaften externen Validität. Interessanterweise existiert diese Problematik sogar in der Tierforschung: Die meisten Studien nutzen ausschließlich männliche Tiere, um nicht zusätzliche Varianz durch den weiblichen Zyklus mit einbeziehen zu müssen. Das führt dazu, dass wir viel weniger über den weiblichen Organismus wissen. Ob sich ein Ergebnis von männlichen auf weibliche Mäuse übertragen lässt, kann nicht einfach angenommen, sondern müsste erst getestet werden. Im Bereich von Verhaltensstudien ist dies weniger kritisch, doch wenn es um die Erforschung neuer Medikamente geht, können die Konsequenzen schwerwiegend sein.

Das große Interesse an dem Konzept der Resilienz hat glücklicherweise zur Folge, dass immer mehr Studien mit den unterschiedlichsten Teilnehmergruppen durchgeführt werden. Doch auch in diesen Studien können die Ergebnisse verzerrt sein, wenn sie sich lediglich auf die bekannten Resilienzmaße verlassen, die anhand der früheren Datenerhebungen entwickelt wurden. Es ist beispielsweise gut möglich, dass Frauen andere Coping-Strategien nutzen als Männer – oder auch, dass eine bestimmte Strategie nur für eine besondere Bevölkerungsgruppe erfolgreich ist. Trotz dieser Kritik werde ich mich auf viele der klassischen Resilienzstudien beziehen, aber, wenn möglich, Studien mit repräsentativen Teilnehmergruppen und Langzeitbeobachtung in den Vordergrund stellen.

4. Was beeinflusst unsere Fähigkeit zur Resilienz?

Ob es sich bei der Resilienz um eine angeborene Eigenschaft oder eine erlernte Fähigkeit handelt, darüber ist sich die Forschung nicht einig. Mehr und mehr deutet darauf hin, dass, wie in den meisten Fällen, eine Kombination von Veranlagung und Erfahrung unsere Resilienzfähigkeit ausmacht. Die meisten Studien zum Thema Resilienz untersuchen Kinder und Jugendliche, die unter schwierigen Bedingungen aufwachsen oder bei denen ein Elternteil unter einer psychiatrischen Erkrankung leidet. Da Soldaten häufig traumatischen Erlebnissen ausgesetzt sind, stehen sie ebenfalls im Fokus der Resilienzforschung. Der Fokus auf diese Gruppen macht Sinn, wenn man sich das Vorgehen der Forscher vor Augen führt: Um Resilienz zu verstehen, möchte man natürlich eine möglichst konsistente Gruppe von Teilnehmern haben und klare «Outcome»-Variablen, also etwas, das sich gut messen lässt. Insofern sind Kinder und Jugendliche als Gruppe besonders interessant, da man hier die Entwicklung über eine bestimmte, besonders sensible Lebensphase hinweg untersuchen kann. Und Soldaten stellen eine Probandengruppe dar, die einem hohen Maß an eindeutig traumatischen Erfahrungen ausgesetzt ist. Deutlich komplexer ist es hingegen, den Effekt des Verlusts der Eltern im Erwachsenenalter zu untersuchen. Dieses Ereignis hat für jeden einzelnen Betroffenen einen anderen psychologischen Effekt, der wiederum stark variiert, je nachdem, in welcher Lebensphase man sich befindet. Ähnlich schwierig ist es, Resilienz in Bezug auf Stress bei der Arbeit zu untersuchen, denn dieser kann ganz unterschiedlich ausfallen und ist in sich selbst schwer zu quantifizieren. Nichtsdestotrotz existieren auch solche Studien, die beispielsweise die Resilienz von Pflegepersonal oder von Eltern mit psychiatrisch erkrankten Kindern untersuchen. In unserer alternden Gesellschaft hat sich die Forschung nun auch der Resilienz im fortgeschrittenen Erwachsenenalter zugewandt und versucht herauszufinden, was zum «erfolgreichen Altern» beiträgt. Als solches gilt das Altern ohne schwere Erkrankung und Behinderung, dafür mit dem Erhalt guter körperlicher und geistiger Leistungsfähigkeit.

Studien mit all diesen unterschiedlichen Teilnehmergruppen deuten auf dieselben multidimensionalen Einflussfaktoren hin, die uns mehr oder weniger resilient auf Stress und traumatische Erlebnisse reagieren lassen: interne Faktoren, wie die individuelle Veranlagung und Biographie, sowie externe Faktoren, wie familiäres Umfeld und soziale Unterstützung. Ich möchte diese Faktoren hier erst einmal grob zusammenfassen, allerdings kann die folgende Auflistung nicht als vollständig verstanden werden. Welche Coping-Strategien in Kombination mit welchen Persönlichkeitsmerkmalen und Umweltbedingungen erfolgreich sind, wird sich immer individuell unterscheiden. Zu den Persönlichkeitsmerkmalen, Eigenschaften und Fähigkeiten, die resilienten Umgang mit Stress erleichtern, gehören:

- Flexibilität und Anpassungsfähigkeit
- Selbstbewusstsein, positive Selbstwahrnehmung
- Fähigkeit zu Abstraktion und Reflexion
- Strukturiertheit und Selbstdisziplin
- Soziale Kompetenz inkl. der Fähigkeit, um Hilfe zu bitten
- Emotionale Intelligenz
- Humor
- Grundvertrauen
- Frustrationstoleranz und Geduld
- Fähigkeit zur Emotionsregulation
- Offenheit und Extraversion
- Aktive Problemlösung
- Spiritualität

Als wichtigste äußere Faktoren seien zu nennen:

- Familiärer Zusammenhalt
- Verlässliche und fürsorgliche Bezugspersonen
- Gute Eingebundenheit in das soziale Umfeld
- Zugehörigkeitsgefühl

– Respekt und Wertschätzung durch das soziale Umfeld
– Zusätzliche außerfamiliäre soziale Ressourcen

Weitere Faktoren, die sowohl von inneren als auch von äußeren Gegebenheiten abhängen, sind eine positive Wahrnehmung der Zukunft, gepaart mit dem richtigen Maß an Realismus, ein Gefühl von Autonomie sowie Lifestyle-Faktoren.

Es ist zu bemerken, dass alle diese typischerweise aufgelisteten Faktoren rein psychologischer oder sozialer Natur sind. Neue Studien rücken immer mehr auch physiologische Faktoren in den Fokus. Wer beispielsweise sein Stresssystem durch Sport, Hitze (Sauna) oder Kälte (Eisbaden) trainiert, wird auch psychischem Stress gegenüber widerstandsfähiger. So ist Resilienz nicht ausschließlich als «psychische Widerstandkraft» zu verstehen, sondern vielmehr als die Fähigkeit des menschlichen Organismus mit Stressoren umzugehen – sowohl psychischer als auch physischer Art. Dies wird auch deutlich, wenn wir uns den Einfluss von genetischen und vorgeburtlichen Faktoren ansehen. Hier handelt es sich vor allem um Einflüsse auf die Ausbildung und Formation der körperlichen Stressreaktion. Bei den frühkindlichen Erfahrungen wird die Verschränktheit unserer Physiologie und Psyche besonders deutlich, denn die elterliche Reaktion auf die physiologischen Bedürfnisse des Kindes (Hunger, Durst, Wärme) formt auch die Grundlage der psychologischen Stressreaktion, welche bis weit ins Erwachsenenalter unser Verhalten beeinflusst (Stichwort: Bindung).

Insbesondere der zwischenmenschliche Aspekt kommt in den Diskussionen zur Resilienz zu kurz, eben da meist die Resilienz des Individuums diskutiert wird. Die oben genannten Punkte deuten bereits auf die Wichtigkeit des sozialen Miteinanders hin. Entscheidend für unser Verständnis von Resilienz in Bezug auf sowohl die physiologischen als auch sozialen Faktoren ist das folgende Faktum: Als hochsoziale Wesen regulieren wir uns gegenseitig.[35] In der Interaktion mit unseren Mitmenschen, insbesondere denen, die uns nahestehen, können wir durch die Angleichung unserer physiologischen Vorgänge (Atmung, Herzschlag, neuronale Prozesse) auch unsere psychischen Reaktionen und unsere Emotionen angleichen und regulieren. Dies geschieht oft völlig unbewusst und teils auf der Ebene des autonomen Nervensystems. Die Grundlagen dieser Co-Regulation werden bereits im Mutterleib gelegt, wo der kindliche und der mütterliche Organismus einander beeinflussen. Immer mehr Studien belegen diese Co-Regulation (auch oft diskutiert mit den Begriffen «Synchronizität» oder «Resonanz») in den sozialen Beziehungen Erwachsener. Natürlich muss man für eine solche Ko-Regulation beisammen sein – digital vermittelte Interaktionen können diese Angleichung von Herzschlag und Atemrhythmus nicht auslösen. Auch dies mag dazu beitragen, dass psychische Störungen wie Depressionen und Ängste bei Jugendlichen, die inzwischen häufig den Großteil ihrer wachen Zeit in digitalen Welten verbringen, stark zugenommen haben (siehe dazu den Abschnitt Soziale Medien und soziale Interaktion).[36]

Die Zusammenhänge zwischen Genetik, Umwelteinflüssen und Resilienz sind noch lange nicht verstanden und hochkomplex. Es geht über den Umfang dieses Buches hinaus, darauf im Detail einzugehen. Die folgenden Abschnitte geben anhand von Beispielen Einblicke in die verschiedenen Einflussfaktoren.

Veranlagung: Genetik und Epigenetik

Der erste, der biologisch greifbarste Faktor, der Resilienz und Sensibilität für Stress beeinflusst, ist die genetische Veranlagung. Doch die Forschung ist weit davon entfernt, den Zusammenhang von individueller genetischer Ausstattung und Resilienz zu verstehen. Wir wollen an Hand einiger Beispiele versuchen, einen Einblick zu bekommen.

Unterschiedliche physiologische Systeme sind an der Stressreaktion beteiligt, welche von vielen verschiedenen Genen kontrolliert werden. Letztendlich ist der gesamte Organismus in die Stressreaktion und Resilienzbildung involviert: von der HPA-Achse über das Immunsystem und die Verdauung bis hin zu individuellen kognitiven und sozialen Fähigkeiten. Selbst wenn wir uns lediglich auf die HPA-Achse konzentrieren, gibt es unzählige Gene, die die Stressreaktion modulieren können. So könnten beispielsweise stresssensiblere Menschen über weniger Corticoidrezeptoren verfügen, welche den negativen Rückkopplungsmechanismus der HPA-Achse regulieren. Von diesen Rezeptoren gibt es wiederum verschiedene Typen. Sie können sich in ihrer Affinität für Cortisol unterscheiden, also darin, wie gut sie das Cortisol binden. Nachdem das Cortisol am Rezeptor gebunden ist, beginnt eine komplizierte Signalkaskade, über die die Reaktion der Zelle auf das Cortisol gesteuert wird. Auch die Effektivität dieser Signalkaskade kann sich individuell unterscheiden und wird durch verschiedene Gene kontrolliert. Bei der Weitergabe des Signals innerhalb der Zelle spielen wiederum verschiedene Stoffe eine Rolle. Allein schon die Menge eines einzigen Proteins, das für diese Signalkaskade notwendig ist, könnte die gesamte Stressreaktion beeinflussen.

Genetische Studien bei Menschen leiden unter der Problematik, dass gemessene Ähnlichkeiten in einer Familie entweder von ähnlicher genetischer Ausstattung herrühren können oder aber von ähnlichen Erfahrungen und Umwelteinflüssen. Daher sind Zwillingsstudien beliebt, die ein- und zweieiige Zwillinge vergleichen. Diese wachsen jeweils unter vergleichbaren Umwelteinflüssen auf, haben aber unterschiedliche Mengen an gleicher DNA (100 Prozent bei eineiigen und ca. 50 Prozent bei zweieiigen Zwillingen). Doch selbst für ein relativ leicht messbares Stressmaß wie die Cortisolmenge im Blut bleiben die Ergebnisse unklar; während manche Studien einen genetischen Einfluss nachweisen konnten, fanden andere keinerlei Zusammenhang.[37]

Selbst wenn sich eine unterschiedliche genetische Ausstattung bei resilienten und weniger resilienten Menschen findet, lässt sich keine klare Aussage über deren Einfluss im späteren Leben treffen. Denn nicht alle Gene sind immer aktiv. Die *Epigenetik* widmet sich der Erforschung dessen, was zum Ein- und Ausschalten von Genen führt und welchen Effekt dies hat. Durch das Anhängen eines bestimmten Moleküls, der sogenannten Methyl-Gruppe, kann ein Gen reguliert werden. Der Effekt einer solchen *Methylierung* hängt vom betroffenen Gen ab und ob die Methylgruppe das Gen aktiviert oder deaktiviert.

Untersuchungen bei Ratten und Menschen konnten zeigen,

dass die Methylierung des Gens für einen Stresshormonrezeptor (namens «Nr3c1») mit Vulnerabilität und Resilienz zusammenhängt. Bei Ratten mit einer besonders fürsorglichen Mutter war das Gen Nr3c1 stärker aktiv als bei Ratten mit einer weniger fürsorglichen Mutter – und sie waren als erwachsene Ratten stressresilienter.[38, 39] Im Erwachsenenalter wurden die stresssensibleren Ratten mit einem Mittel behandelt, welches die Methylgruppen wieder entfernte. Dies hatte zur Folge, dass das Gen Nr3c1 wieder stärker aktiv war und die Ratten stressresilienter wurden.[40] Die Veränderung der Genaktivität durch die Methylierung hing also tatsächlich direkt mit der Stressreaktion der Ratten zusammen. Diese Ergebnisse lassen sich auf den Menschen übertragen. In einer *postmortem*-Studie bei Suizid-Opfern, die als Kinder missbraucht worden waren, fand sich ebenfalls eine stärkere Methylierung des Gens Nr3c1 im Gehirn.[41] Auch bei Patienten mit Depression und Borderline-Störung, die in ihrer Kindheit Missbrauchserfahrungen gemacht hatten, fand sich diese Deaktivierung des Stresshormonrezeptors.[42]

Es sollte klar geworden sein, dass es sich bei der individuellen Veranlagung für Resilienz beziehungsweise der Vulnerabilität gegenüber Stress um ein hochkomplexes Zusammenspiel von genetischen und epigenetischen Faktoren handelt. Die Methylierung kann ein Leben lang fortbestehen, weshalb sie oft als eine Art molekulares Gedächtnis beschrieben wird.[43] Sie ist allerdings nicht irreversibel, sondern in den meisten Fällen sogar sehr dynamisch – und stellt somit eine Form der Anpassung an sich ständig verändernde Umweltbedingungen dar.[44] Dies ist eine gute Nachricht, denn es bedeutet, dass wir unserer genetischen Ausstattung nicht «ausgeliefert» sind, dass wir vielmehr den Einfluss unserer Erbanlagen durch unsere Verhaltensweisen verändern können.

Vorgeburtliche und frühkindliche Erfahrungen

Bereits vor der Geburt können Umwelteinflüsse den werdenden Menschen formen. Die Entwicklung des Nervensystems beginnt im Mutterleib und setzt sich bis ins Erwachsenenalter fort. In den ersten Monaten der Schwangerschaft bilden sich die Nervenzellen, in der zweiten Hälfte entstehen Axone, die Verbindungen zwischen den Neuronen. Das Gehirn bildet erst sehr viele Verbindungen, die dann in Kindheit und Jugend in Abhängigkeit von ihrer Nutzung entweder abgebaut oder verstärkt werden. Das kindliche Gehirn ist höchst plastisch und sozusagen für alle Umstände vorbereitet. Es passt sich dann flexibel an seine Umwelt an, weshalb Erfahrungen in der Kindheit so prägend für das weitere Leben sind. Diese Anpassung beginnt allerdings bereits im Mutterleib: Das Gehirn bereitet sich schon auf die Welt vor, in die das Kind hineingeboren wird.

Die Resilienzfähigkeit des ungeborenen Babys zu untersuchen ist schwierig, da sich das, was wir unter Resilienz verstehen, eigentlich frühestens im Kindergartenalter zeigt. Wissenschaftliche Studien nähern sich der Frage daher von der anderen Seite: Was erhöht die Sensibilität für Stress bei Babys? Hierzu gibt es zahlreiche Studien, die zeigen, dass der Stress, den die Mutter erlebt, die Entwicklung des Stresssystems des ungeborenen Babys beeinflusst. Es zeigt sich, dass häufiges Stresserleben der Mutter, welches beispielsweise in Form von Cortisolmengen gemessen werden kann, zu verzögerter Entwicklung von motorischen und kognitiven Fähigkeiten des Babys führt – und zusätzlich zu einer schlechteren Anpassungsfähigkeit an stressige Situationen.[45]

Besonders Stress zu Beginn der Schwangerschaft ist problematisch, während höheres mütterliches Cortisol zum Ende der Schwangerschaft mit einer schnelleren kognitiven Entwicklung zusammenhängt.[46] Schwangerschaftsbezogene Ängste haben einen negativen Einfluss auf die kindliche Entwicklung, was sich sogar in veränderter Entwicklung der weißen Substanz, also der Nervenleitbahnen, des Babys zeigt.[47] Diese Nervenleitbahnen sind wichtig für kognitive Flexibilität. Studien mit Müttern, die während der Schwangerschaft traumatische Erlebnisse hatten, wie beispielsweise Naturkatastrophen oder den Verlust des Partners, belegen zudem ein erhöhtes Risiko für die betroffenen Kinder, an Autismus, ADHS, Depression oder Schizophrenie zu erkranken.

Es sei hier angemerkt, dass es eine große Herausforderung ist, den Einfluss von Stress auf das ungeborene Kind in einer Studie von weiteren negativen Einflussfaktoren zu trennen, welche gerade bei Stress gehäuft auftreten. Denn wir Menschen befinden uns nicht in standardisierten Laboren und sind dem Stress nicht bloß passiv ausgesetzt, sondern reagieren auf ihn, beispielsweise durch vermehrten Konsum von Fast-Food, Medikamenten, Zigaretten, Alkohol oder Drogen etc. Hinzu kommt, dass es bei Studien mit Menschen schwierig ist, den Effekt von Stress von der genetischen Veranlagung zu trennen. Möglicherweise vererben Mütter, die verstärkt zu Stressanfälligkeit und Ängsten neigen, damit verbundene Besonderheiten an ihre Kinder. In Tierstudien lassen sich diese Einflussfaktoren jedoch trennen, und es konnte gezeigt werden, dass hohe Mengen an Cortisol einen negativen Einfluss auf die Entwicklung von Nervenzellen und deren Verbindungen haben und zu kleineren Hippocampi führen.[48] Weiterhin scheint pränataler Stress die HPA-Achse des ungeborenen Kindes zu verändern, so dass das Baby später bereits im Ruhezustand höhere Mengen an Cortisol im Blut hat[49] und auch mit verstärkter, d.h. erhöhter und verlängerter Cortisolausschüttung auf Stress reagiert.[50] Auch der Rückkopplungsmechanismus der HPA-Achse wird beeinflusst: Stresserleben der Mutter führt zu weniger Glucocorticoidrezeptoren im Hippocampus des Kindes, die für die Rückkehr zum normalen Zustand nach einem Stressereignis notwendig sind.[51]

Eine weitere Möglichkeit, den Einfluss von Stress auf die ganz frühe Entwicklung zu untersuchen, ist die Arbeit mit Frühchen. Die medizinischen Notwendigkeiten – die Babys sind an eine Menge Schläuche und Kabel angeschlossen – stellen eine große Stressquelle dar. Studien haben gezeigt, dass Frühchen veränderte Nervenverbindungen haben.[52] Diese Veränderungen betreffen Netzwerke, die für kognitive und soziale Leistungen zuständig sind und sich beispielsweise vom Kortex zu den Basalganglien und zum Thalamus erstrecken. Tatsächlich hat eine Frühgeburt lebenslange Konsequenzen: Wer zu früh auf die Welt kommt, hat ein erhöhtes Risiko für neurokognitive Einschränkungen und Demenz im Alter.[53, 54]

Zusammen mit den Untersuchungen, die zeigen, dass traumatische Erlebnisse während der Schwangerschaft einen Einfluss auf die normale Entwicklung des Kindes haben, belegen diese Ergebnisse, dass vorgeburtlicher Stress der Mutter die Stressreaktion des Kindes beeinflusst. Welche Mechanismen diesem Zusammenhang genau zugrunde liegen, ist noch nicht vollständig aufgeklärt, doch alles deutet auf einen Zusammenhang der HPA-Achsen-Aktivität bei Mutter und ungeborenem Kind hin. Gestresste Schwangere sollten sich aber nicht vorschnell Sorgen machen: Wie Studien mit Ratten nahelegen, können die negativen Konsequenzen des vorgeburtlichen Stresses später durch positive Umwelteinflüsse ausgeglichen werden.[55]

Im Fokus steht hierbei die Baby- und Kleinkindphase, die sowohl eine Chance darstellt als auch eine sensible Phase: Alle Erfahrungen, positive sowie negative, wirken sich hier besonders stark aus. Traumatische Erfahrungen in der Kindheit stehen in klarem Zusammenhang mit psychiatrischen Problemen im Jugend- und Erwachsenenalter. Dieser Zusammenhang wird möglicherweise durch eine stärkere Reaktion der HPA-Achse auf Stress vermittelt.[56, 57] Zu den besonders traumatischen Kindheitserfahrungen, die zu einer solchen erhöhten Sensibilität führen, gehören Missbrauch und Gewalterfahrungen. Doch auch emotionale Vernachlässigung kann die individuelle Empfindsamkeit für Stress beeinflussen.

Für Babys und Kleinkinder steht die Bindung an Bezugspersonen im Mittelpunkt. Eine sichere Bindung schafft die Grundlage für ein Vertrauen in die Welt und in andere Menschen. Das Wissen, dass andere Menschen einem in der Not helfen, ist ein wichtiger Bestandteil von Resilienz. Liebe, Fürsorge und Anerkennung durch Bezugspersonen stärken das Selbstwertgefühl. Eine sichere Bindung erlaubt einem Kleinkind, selbständig seine Umgebung zu erforschen, was wiederum das Selbstvertrauen stärkt.

Für eine besonders wichtige Verhaltensweise kann bereits früh ein Grundstein gelegt werden: Resiliente Menschen gehen aktiv mit Problemen um und rechnen damit, dass ihre Handlungen erfolgreich sein werden. Diese Charakterisierung ist genau das Gegenteil der sogenannten «erlernten Hilflosigkeit»,[58] einer Verhaltensweise, die gerade depressive Patienten häufig an den Tag legen.[59] Dieser Ausdruck stammt ursprünglich aus der Verhaltensforschung und beschreibt, dass Tiere, die wiederholt aversiven Reizen oder unkontrollierbarem Stress ausgesetzt sind, beispielsweise einem lauten Ton oder der ständigen Anwesenheit eines ranghöheren Tieres, diesem unangenehmen Reiz jedoch nicht entkommen können, ihre Fluchtversuche aufgeben. Infolgedessen verhalten sie sich passiv und versuchen nicht einmal, dann zu entkommen, wenn sie vor einem unangenehmen Reiz durchaus fliehen könnten. Diese Situation lässt sich auf den Menschen übertragen:[60] Wer regelmäßig in unangenehmen Situationen festhängt und das Gefühl hat, nichts dagegen unternehmen zu können, also keine Kontrolle darüber zu haben, der wird früher oder später aufgeben und die Situation einfach aushalten. Auch beim Menschen geschieht es, dass dieses Verhaltensmuster – die Passivität, das Gefühl des Kontrollverlustes – auf andere Situationen übertragen und generalisiert wird. Das bedeutet, dass der Betroffene gar nicht erst versucht, etwas zu unternehmen, selbst wenn es möglich wäre.

Hingegen stellt empfundene Autonomie ein wichtiges Merkmal von Resilienz dar. Bereits in der frühsten Kindheit können Eltern ihren Kindern die Möglichkeit geben, aktiv und erfolgreich gegen eine unangenehme Situation vorzugehen. Einem Baby stehen noch nicht viele Handlungsvarianten zur Verfügung. Anfangs kann es nur auf sich aufmerksam machen, durch Kontaktlaute und durch Weinen. Reagieren Eltern auf diese Handlungen des Babys, lernt das Kind schon von klein auf, dass es selbst die Kontrolle über unangenehme Reize wie beispielsweise Hunger hat und dass es aktiv gegen Stressfaktoren vorgehen kann. Tatsächlich zeigten Studien schon in den 1970er Jahren: Je mehr eine Bezugsperson auf die Signale eines Babys reagiert, desto besser verläuft dessen kognitive Entwicklung.[61] Babys, die lernten, dass sie bestimmte Reize im Experiment kontrollieren konnten, waren danach besser in der Lage, auch komplexere Zusammenhänge zwischen ihren Handlungen und Ereignissen in ihrer Umwelt zu verstehen.[62]

Besonders gute Kandidaten, um das kindliche Stresssystem resilienter zu machen, sind Körperkontakt und liebevolle Fürsorge. Belege hierfür stammen wiederum aus Studien mit Ratten.[63] Manche Rattenmamas lecken ihre Jungen mehr als andere. Noch im erwachsenen Alter unterschieden sich die Nachkommen der unterschiedlich fürsorglichen Rattenmütter: Die Ratten, die als Babys viel geleckt worden waren, hatten weniger Cortisol im Blut, nachdem sie einem stressigen Ereignis ausgesetzt waren.[64] Auch der Rückkopplungsmechanismus, der die Stressreaktion wieder herunterfährt, war bei diesen Ratten effizienter. Ein möglicher Mechanismus für diesen Zusammenhang ist, wie wir schon gesehen haben, die epigenetische Regulation der HPA-Achse.

Auch in ihrem Verhalten unterschieden sich die viel geleckten Ratten von den weniger gut umsorgten: Sie waren mutiger und erkundschafteten stärker ihre Umgebung, sie waren weniger schreckhaft und gewöhnten sich leichter an neue Situationen. Zudem waren sie selbst fürsorglicher, wenn sie Junge bekamen. So kann sich die Fürsorglichkeit, aber auch die Sensibilität für Stress über Generationen vererben, ohne zwangsläufig genetisch festgelegt zu sein. Evolutionsbiologisch betrachtet machen diese Zusammenhänge Sinn: Lebt eine Rattenmutter in einer gefährlichen Umgebung, ist sie stärker gestresst. Dadurch, dass sie ihre Jungen weniger ableckt, werden diese sensibler für Stress, aber auch vorsichtiger und zurückhaltender – Verhaltensweisen, die sie in einer gefährlichen Umgebung zum Überleben brauchen. Für uns Menschen ist dieser Zusammenhang jedoch leider nicht sinnvoll – das Gegenteil ist der Fall: Wenn unsere Kinder in eine besonders stressvolle Umwelt hineingeboren werden, ist es für sie umso wichtiger, dass sie viel Liebe, Fürsorge und Unterstützung von ihren Eltern erfahren.

Stress und das Immunsystem

Bereits seit den 1990er Jahren ist bekannt, dass Stress unser Immunsystem aktiviert. Das Immunsystem bekämpft schädliche Keime und Krankheitserreger. Ein dauerhaft aktives Immunsystem und damit verbundene erhöhte Entzündungslevel im Körper haben hingegen negative Konsequenzen. Systemische Entzündung lässt sich anhand der Menge der Zytokine im Blut, wie Interferon oder Interleukin, messen. Diese entzündungsfördernden Zytokine werden von Immunzellen als Antwort auf interne oder externe Stressfaktoren ausgeschüttet. Wie die restliche Stressreaktion ist auch dies ein sinnvoller Vorgang, denn ein externer Stressfaktor, beispielsweise ein Krankheitserreger, kann besser bekämpft werden, wenn das Immunsystem aktiv wird. Doch auch hier gilt: Chronischer, psychischer Stress führt zu der maladaptiven Reaktion eines dauerhaft aktivierten Immunsystems.

Zu den Konsequenzen dieser dauerhaften Aktivierung des Immunsystems gehören Symptome, die der einer Depression oder Angststörung ähneln.[65] Tatsächlich existiert hier ein Zusammenhang: Patienten mit chronischen Entzündungen haben ein sechsfach erhöhtes Risiko, an Depression zu erkranken, und Patienten mit Depression zeigen erhöhte Entzündungsmarker.[66] Vielen ist sicherlich aus eigener Erfahrung auch der Zusammenhang zwischen Stress und dem Verdauungssystem bekannt: Langanhaltender Stress beeinträchtigt die Darmfunktion und kann den Darm sogar so stark schädigen, dass ein Reizdarmsyndrom entsteht. Auch dies ist kein isoliertes Krankheitsbild, vielmehr zeigt die Forschung, dass Darmgesundheit, psychische Gesundheit und Immunsystem zusammenhängen. So schreiben die Resilienzforscher Madline Pfau und Scott Russo: «Durch Stress hervorgerufene Erkrankungen, und die Resilienz diesen gegenüber, können als Ergebnisse der koordinierten Aktivität des Gehirns und zahlreicher körpereigener Systeme angesehen werden.»[67] Auf der Basis solcher Zusammenhänge haben die Wissenschaftler die Hypothese entwickelt, dass Entzündungslevel im Körper die individuelle Widerstandsfähigkeit gegenüber Stress beeinflussen. Zumindest in Mäusen konnte dies bereits nachgewiesen werden: Mäuse, die resilient gegenüber Stress sind, haben nicht nur geringere Mengen des Stresshormons Cortisol im Blut, sondern leiden auch weniger unter systemischer Entzündung.[68]

Dies bedeutet, dass sich Immunsystem und Resilienz wechselseitig beeinflussen: Wer sensibel auf Stress reagiert, der schwächt sein Immunsystem – und wer ein geschwächtes Immunsystem hat, der wird wiederum sensibler auf Stress reagieren. Dieser Punkt wird wichtig sein, wenn wir uns den Strategien für mehr Resilienz zuwenden. Denn es kann sich bei solchen Strategien nicht ausschließlich um psycho-ökonomische Strategien handeln, also um Strategien der psychischen Selbstsorge – vielmehr müssen wir die Gesundheit unseres Körpers mit einbeziehen.

Kindheit und Jugend

Kindheit und Jugend stellen eine hochsensible Entwicklungsphase dar, in der Weichen für die Zukunft gestellt werden. Während Kindheit und Jugend entwickelt sich das Gehirn weiter und passt sich an seine Umgebung an.[69] Negative Erfahrungen in dieser Lebensphase können ihre Schatten auf ein ganzes Leben werfen – doch ebenso groß sind die Möglichkeiten, hier durch positive Erfahrungen, durch sensible Unterstützung und gezielte Interventionen Resilienz zu stärken.

Etwa 10 bis 20 Prozent aller Kinder und Jugendlichen weltweit leiden unter psychischen Störungen,[70] am häufigsten sind Aufmerksamkeits- und Hyperaktivitätsstörung, Störungen des Sozialverhaltens sowie Ängste und Depressionen. Problematischer Substanzkonsum, also regelmäßiger Konsum von Alkohol oder anderen Drogen in großen Mengen, liegt bei Jugendlichen auf Rang fünf der am meisten verbreiteten Störungen.[71] Diese Zahlen entsprechen auch der Häufigkeit psychischer Probleme von Kindern und Jugendlichen in Deutschland.[72] Psychische Probleme in Kindheit und Jugend erhöhen wiederum das Risiko, auch im erwachsenen Alter psychisch zu erkranken: Ungefähr die Hälfte der erwachsenen Betroffenen litten bereits als Jugendliche unter einer psychischen Erkrankung.[73]

In Deutschland wie auch weltweit wurde in den letzten Jahren eine Zunahme der Diagnosen psychischer Störungen bei Kindern und Jugendlichen beobachtet. Diese Entwicklung muss vorsichtig und differenziert betrachtet werden. Es scheint sich sowohl um eine tatsächliche Zunahme der psychischen Probleme zu handeln, aber auch um einen Anstieg der Verhaltensweisen, die als problematisch oder nicht der Norm entsprechend eingeordnet werden. Diese Diskussion wird vor allem in Bezug auf die Aufmerksamkeitsdefizit-/Hyperaktivitätsstörung (ADHS) regelmäßig geführt. Ohne hier in die Tiefe gehen zu können, sei angemerkt, dass es sich um eine Kombination der beiden Faktoren handelt: Aufgrund geringer körperlicher Aktivität, höherer Stimulation und größerem Stresserleben der Mütter ist die tatsächliche Häufigkeit angestiegen. Doch darauf, dass auch die Normierung akzeptabler Verhaltensweisen zu mehr Diagnosen geführt hat, deutet folgende Zahl hin: 45 Prozent der fünfjährigen Jungen erhielten 2017 die Diagnose einer Entwicklungsstörung.[74] Dass beinahe die Hälfte aller Jungen von einer Entwicklungsstörung betroffen sein soll, kann unmöglich der Wirklichkeit entsprechen. Hier spielen die Normierung des Verhaltens, Erwartungen der Eltern und Kinderärzte sowie Umwelteinflüsse eine Rolle. Jungen entwickeln sich bekanntermaßen langsamer als Mädchen und zeigen gerade im Kindergartenalter ein großes Bedürfnis nach körperlicher Aktivität und Interesse an spielerischen Raufereien. Diese Verhaltensweisen werden leider häufig pathologisiert. Warum sie natürlich und wichtig sind, darauf gehe ich weiter unten ein.

Faktoren, die die Psyche und die Entwicklung eines Kindes negativ beeinflussen können, sehen unterschiedlich aus: Schwierige Familienverhältnisse und niedriger sozioökonomischer Status (s. u.) führen zu dauerhaftem Stress und stehen in Zusammenhang mit psychischen Problemen, oft auch noch im Erwachsenenalter. Einmalige oder wiederholte Traumata, also schwerwiegend negative Ereignisse, denen schätzungsweise 30 Prozent aller Kinder und Jugendlichen ausgesetzt sind, erhöhen das Risiko, unter psychischen Problemen zu leiden, um 50 Prozent.[75]

Wir wollen uns näher ansehen, wie Resilienz bei Kindern und Jugendlichen aussieht und wie sie diese entwickeln. In Kindheit und Jugend können Strategien und Verhaltensweisen erlernt werden, die die Grundlagen für resilienten Umgang mit Stress bilden. Für Kinder ist weiterhin die Beziehung zu den Eltern die wichtigste und einflussreichste Beziehung.[76] Eltern nehmen eine Vorbildrolle ein, auch für den Umgang mit negativen Erfahrungen und Stress. Kleinkinder sind außergewöhnlich gute Beobachter, die die Verhaltensweisen ihrer Eltern imitieren. Wenn ein Kleinkind erlebt, wie die Eltern schon bei Kleinigkeiten wütend werden, werden sie ähnliche Verhaltensweisen an den Tag legen. Fluchen die Eltern beispielsweise laut, wenn ihnen etwas herunterfällt, dann lernt das Kleinkind ganz schnell dieselben Worte und Wutgesten. Dies mag nicht allzu bedeutend erscheinen. Doch schaffen solche Alltagssituationen letztendlich ein Muster, wie man sich in Reaktion auf Stress verhalten soll, das sich dann auch auf komplexere Stresssituationen überträgt. Kinder lernen im Kleinen, das heißt im heimischen Alltag sowie im Spiel, Verhaltensweisen und angebrachte emotionale Reaktionen, die sie dann später im Großen, in der Außenwelt und im Erwachsenenalter, anwenden.

Wir sind unseren Emotionen nicht passiv ausgeliefert, sondern haben die Fähigkeit, unsere Emotionen zu regulieren. Dies bedeutet keineswegs zu ignorieren, was wir fühlen. Der Begriff Emotionsregulation kann sowohl bedeuten, dass wir eine Emotion verstärken oder aufrechterhalten oder dass wir eine Emotion abschwächen. Emotionsregulation kann bewusst oder unbewusst stattfinden. Strategien zur Emotionsregulation lassen sich in fünf Klassen einteilen:

1. das gezielte Auswählen oder Vermeiden von Situationen, in denen bestimmte Emotionen erlebt werden (zum Beispiel nicht Auto zu fahren nach einem Unfall, um die damit verbundenen Ängste zu meiden);
2. das Modifizieren einer Situation (nur auf einer wenig befahrenen Landstraße zu fahren);
3. die Aufmerksamkeit steuern (Musik beim Fahren hören, um sich abzulenken);
4. die Neubewertung der Situation (sich selbst sagen, dass die Wahrscheinlichkeit eines erneuten Unfalls gering ist);

5. die Reaktion regulieren (durch tiefes Ein- und Ausatmen die Angst verringern).

Zu einer erfolgreichen Emotionsregulation gehört auch, die passende Strategie für eine aktuelle Situation auszusuchen und imstande zu sein, seine Strategien über die Zeit hinweg dynamisch zu adaptieren. Weiterhin gibt es Strategien, die zwar Emotionen regulieren (zum Beispiel Alkohol zu trinken, um Ängste zu verringern), die jedoch in der langfristigen Perspektive maladaptiv sind (s. a. Coping-Mechanismen).

Im Erwachsenenalter haben die meisten von uns sich diese Strategien mehr oder weniger gut angeeignet. Ein Kleinkind muss jedoch erst lernen, die eigenen Reaktionen und Emotionen zu regulieren.[77] Hierfür benötigt es Rückmeldung und Unterstützung durch Bezugspersonen. Dies funktioniert besonders gut, wenn ein Kind in sicherer Bindung zu seinen Bezugspersonen steht.[78] Das Kleinkind lernt in der Interaktion mit anderen, die eigenen Emotionen sowie die des Gegenübers zu deuten – und die Reaktion auf ein negatives Ereignis zu regulieren. Wenn beispielsweise eine Mutter ihr Kind beruhigt und streichelt, weil es sich wehgetan hat, hört es deutlich schneller auf zu weinen, als wenn die Mutter das Kind ignoriert. Durch ihre Zuwendung verstärkt sie den Rückkopplungseffekt der HPA-Achse.

Weitere wichtige Faktoren für einen hohen Grad an Resilienz sind ein positives Selbstbild und ein gutes Selbstvertrauen. Auch hierfür werden die Grundlagen in der frühen Kindheit gelegt. Die Bindungstheorie geht davon aus, dass dabei die Beziehung zu Bezugspersonen entscheidend ist. Eine sichere Bindung an Bezugspersonen ermöglicht es Kindern, selbstbewusst und mutig in die Welt hinauszugehen, mit dem Wissen, dass ihre Eltern eine sichere und unterstützende Basis bilden, zu der sie zurückkehren können. Eine sichere Bindung fördert die Unabhängigkeit eines Kindes. Es geht also nicht darum, dass ein Kind ständig bei den Eltern ist, sondern dass es genug Vertrauen entwickeln konnte, dass die Eltern für es da sind und ihm zu Hilfe kommen, wenn es Hilfe benötigt.[79] Hier zeigt sich eine Überschneidung mit der Thematik der erlernten Hilflosigkeit: Wenn Eltern frühzeitig und verlässlich auf Kontaktlaute und Weinen ihrer Babys reagieren, unterstützen sie deren spätere Unabhängigkeit – und nicht, wie oft fälschlicherweise postuliert wird, deren Abhängigkeit. Zudem ist eine sichere Bindung geprägt von konsequentem Verhalten der Eltern, denn auch das schafft Vertrauen: dass das Kind weiß, wie die Eltern in bestimmten Situationen reagieren und was von ihm erwartet wird.

Für Schulkinder kommen weitere Einflussfaktoren, das heißt insbesondere Einflusspersonen, hinzu. In dieser Phase werden die Beziehungen zu Freunden wichtiger, zudem der schulische Erfolg und die Teilnahme an schulischen und außerschulischen Aktivitäten. Weitere erwachsene Personen, beispielsweise Lehrer und Erzieher, ergänzen die familiären Beziehungen durch weitere Möglichkeiten für Unterstützung, Vorbilder oder Mentoren. Wenn die direkten Bezugspersonen keine ausreichende Leitung anbieten können, profitieren Schulkinder von anderen Vorbildern. Manche Kinder zeigen bereits in diesem Alter – bewusst oder unbewusst – resiliente Strategien im Umgang mit schwierigen familiären Gegebenheiten. Beispielsweise entwickeln sie enge freundschaftliche Beziehungen und besuchen häufig Freunde mit geregelten Familienverhältnissen.

Für Jugendliche werden solche Bezugspersonen außerhalb der Familie noch wichtiger. Jugendliche sind sensibler für Stress als Erwachsene. Diese erhöhte Empfindsamkeit gegenüber Stress ist nicht, oder nicht ausschließlich, der komplexen Persönlichkeitsentwicklung zuzuschreiben, die in dieser Lebensphase stattfindet.[80] Sogar jugendliche Mäuse und Ratten zeigen eine höhere Ausschüttung von Stresshormonen als erwachsene Nager.[81] Die Jahre von der Pubertät bis zum jungen Erwachsenenalter gelten als eine ausschlaggebende Entwicklungsphase. Gehirnregionen, die mit Resilienz in Verbindung gebracht werden, wie Amygdala, Hippocampus und Präfrontalkortex, entwickeln sich bei Jugendlichen noch.[82] Die graue Substanz, also der Bereich, in dem sich die Zellkörper der Neurone befinden, nimmt von der Kindheit zum Erwachsenenalter hin ab. Dieser Mechanismus kann so verstanden werden, dass das Gehirn effizienter wird; nur die Nervenzellen, die benötigt werden, bleiben erhalten und werden gestärkt. Die Verbindungen zwischen verschiedenen Gehirnregionen, die sogenannte weiße Substanz, nehmen hingegen kontinuierlich bis ins mittlere Erwachsenenalter zu. Die Verbindung zwischen Gehirnregionen, die zur Selbstkontrolle und Emotionsregulierung beitragen, scheint besonders wichtig in Bezug auf Resilienz zu sein. Eine Studie mit Jugendlichen aus Vierteln, die von hoher Kriminalität betroffen sind, konnte dies zeigen: Diejenigen, die ausgeprägte funktionelle Verbindungen in diesem Netzwerk hatten, zeigten besonders resiliente Verhaltensweisen.[83] Allerdings, und das ist interessant, war dies nicht direkt in ihrem psychischen Wohlergehen evident; die als resilient eingestuften Jugendlichen waren nicht weniger depressiv als die Vergleichsgruppe. Möglicherweise würden sich die Effekte des resilienten Verhaltens auf die Psyche erst in einer Langzeitstudie bemerkbar machen; der Grundstein dafür in Form von Selbstkontrolle und Emotionsregulation wurde aber bereits in Kindheit und Jugend gelegt.

Besonders viele stressvolle Erfahrungen in dieser sensiblen Entwicklungsphase verzögern oder verändern womöglich die Reifung des Gehirns. Im Tierexperiment zeigten Ratten, die während der Pubertät regelmäßig einem Stressor ausgesetzt waren, verstärkte depressive Symptome im Erwachsenenalter.[84] Allerdings gab es sogar bei diesen unter kontrollierten Laborbedingungen aufgewachsenen Tieren große individuelle Unterschiede, das heißt, einige der Ratten waren resilienter als andere. Eine mögliche Erklärung hierfür kennen wir bereits: Unterschiedlich intensive Fürsorge durch die Mutter könnte die HPA-Achsen-Entwicklung individuell moduliert haben.

Nun sollten wir allerdings nicht die falsche Schlussfolgerung ziehen, dass Kinder und Jugendliche vor Stress und negativen Erlebnissen komplett beschützt werden müssen, dass sie völlig behütet aufwachsen sollen. Studien legen nahe, dass der Zusammenhang zwischen Stress in der Kindheit und späterer Resilienz einem umgedrehten U gleicht (Abbildung 2): Zu wenig *und* zu viel Stress führen gleichermaßen zu verringerter Resilienz, während ein optimales Maß an Stress den jungen Menschen hinrei-

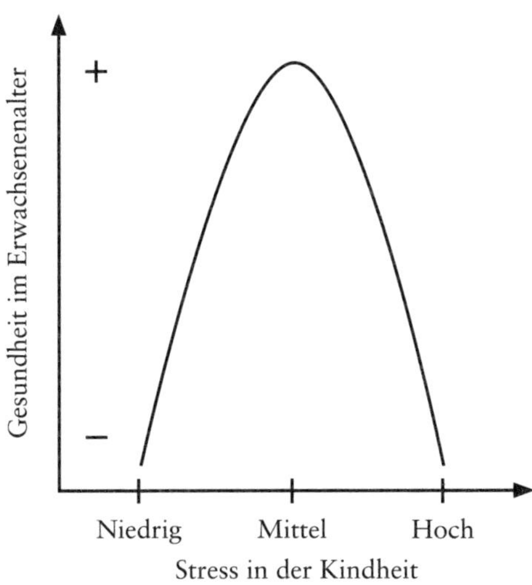

Abbildung 2: Die umgedrehte U-Kurve verdeutlicht die Idee der Stress-«Impfung»: Ein mittleres Maß an Stress ist mit der besten psychischen und physiologischen Gesundheit assoziiert, während sehr viel Stress, aber auch eine stark behütete Kindheit mit Schwierigkeiten im Erwachsenenalter zusammenhängen.

chend vorbereitet, ohne ihn jedoch zu schädigen. Wir können uns dies vorstellen wie eine Stress-Impfung, die die Resilienzfähigkeit anstelle des Immunsystems trainiert.[85] So konnte in tierexperimentellen Studien an Primaten gezeigt werden, dass regelmäßige, leichte Stressoren wie die kurzzeitige Trennung von der Mutter,[86] die Konfrontation mit einem neuen Reiz[87] oder mit dem Geruch einer Katze[88] zu einer verbesserten Regulation der HPA-Achse führten. Entscheidend in diesen Studien war, dass die Stressfaktoren milde und für das Tier vorhersagbar waren. Höchstwahrscheinlich existiert ein ähnlicher Zusammenhang auch für den Menschen.

Eine Rolle spielt dabei womöglich auch, inwiefern die Stressfaktoren während der Kindheit auf das Erwachsenenleben übertragbar sind.[89] Wer beispielsweise als Kind regelmäßig mit seinen Geschwistern streitet, könnte zwar gut gegen Stress durch Ärger mit den Kollegen gewappnet sein, nicht jedoch gegen traumatische Erlebnisse wie Naturkatastrophen oder den Verlust einer nahestehenden Person. Erschwerend kommt hinzu, dass jedes Kind bereits eine individuelle Vulnerabilität in Form von genetischen Faktoren und frühkindlichen Erfahrungen mitbringt. So untersuchte eine Studie beispielsweise ein Gen für den Transporter des Neurotransmitters Serotonin. Menschen, die eine bestimmte Variation dieses Gens besaßen *und* in ihrer Kindheit häufig stressvolle Erfahrungen gemacht hatten, litten im Erwachsenenalter vermehrt an Depressionen.[90] Aufgrund solcher individuellen Unterschiede ist es leider unmöglich, festzustellen, was genau das *optimale* Stresslevel für Kinder wäre, um ihre HPA-Achse erfolgreich zu trainieren. Ich gehe hierauf in Kapitel 5 weiter ein.

Sozioökonomische Faktoren

Der sozioökonomische Status ist die Kombination von Einkommen, Bildung und Beruf. Die medizinische und psychologische Forschung zeigt, dass sozioökonomische Faktoren sowohl die Gesundheit als auch das psychische Wohlergehen entscheidend mitbestimmen[91] und dass der sozioökonomische Status des Elternhauses und die Resilienzfähigkeit eines Kindes in einem eindeutigen Zusammenhang stehen.[92] Es stellt sich die Frage, welche Faktoren diesen Zusammenhang steuern und inwiefern sich der daraus entstehende Teufelskreis unterbrechen lässt. Dem wollen wir nachgehen.

Als Resilienz stärkende Fähigkeiten und Eigenschaften bei Kindern gelten: die Fähigkeit, die eigenen Gefühle zu erkennen und zu steuern, Impulse kontrollieren und sich mitteilen zu können, Mitmenschen um Unterstützung bitten zu können, ein Gefühl von Sicherheit und sozialer Eingebundenheit. Viele dieser Eigenschaften gehören dem psychologischen Konzept der sogenannten emotionalen Intelligenz an. Nun zeigt es sich, dass die emotionale Intelligenz, die allgemeine Intelligenz, der sozioökonomische Status und die Resilienzfähigkeit miteinander verbunden sind.[93]

Der sozioökonomische Status der Eltern beeinflusst den schulischen Erfolg eines Kindes beinahe so stark wie der Intelligenzquotient (IQ) des Kindes.[94] Gleichzeitig beeinflusst er aber auch den IQ des Kindes: Kinder aus einem sozioökonomisch schwachen Elternhaus schneiden bereits im Alter von zwei Jahren um durchschnittlich 6 Punkte schlechter in IQ-Tests ab. Und der Abstand verdreifacht sich in den folgenden fünfzehn Jahren![95] Dies ist zwar erschreckend, zeigt aber gleichzeitig eine Chance auf. Durch ausreichende Förderung sollte dieser Entwicklung entgegengewirkt werden können. Warum ist dies entscheidend? Intelligenz gilt als die Eigenschaft, die am besten den Erfolg in Bildung und Beruf sowie die Gesundheit eines Menschen vorhersagen kann[96] – all dies sind auch Maße für Resilienz. Wenn Intelligenz, wie die Forschung aus Zwillingsstudien schlussfolgert, zu fünfzig Prozent vererbbar ist, so lassen sich die übrigen fünfzig Prozent durch Umweltbedingungen beeinflussen. Mehr noch als die analytische und sprachliche Intelligenz, die ein IQ-Test misst, stärkt emotionale Intelligenz die Resilienz.[97] Wie wir bereits gesehen haben, sind insbesondere die Fähigkeiten, die eigenen Emotionen zu erkennen, auszudrücken und zu regulieren, zentral für eine hohe Resilienzfähigkeit.[98] Wie der IQ-Wert hängt auch der EQ-Wert, also das entsprechende Maß für emotionale Intelligenz, mit dem sozioökonomischen Status zusammen.[99]

Doch die beschriebenen Zusammenhänge sind nicht mechanistisch. Wir müssen weiterfragen: Warum hängen denn emotionale und generelle Intelligenz mit dem sozioökonomischen Status des Elternhauses zusammen? Was vermittelt den Zusammenhang zwischen Einkommen, Bildung und Beruf der Eltern mit der Resilienzfähigkeit der Kinder? Die Wirkmechanismen sind äußerst komplex, da wir es nicht mit einem, sondern mit vielen unterschiedlichen Einflussfaktoren zu tun haben, die einzeln betrachtet lediglich einen geringen Beitrag leisten.

So sind Kinder, die in einen sozioökonomisch niedrigen Haushalt hineingeboren werden, bereits vorgeburtlich benachteiligt: Statistisch gesehen werden ihre Mütter während der Schwangerschaft weniger und schlechter versorgt und konsumieren häufiger Alkohol oder Drogen.[100] Bereits während der frühen Kindheit können weitere Faktoren die körperliche und kognitive Entwicklung des Kindes beeinflussen, etwa die Ernährung oder Umweltgifte wie Tabakrauch. Ein niedriger sozioökonomischer Status der Eltern hängt mit höheren Entzündungsmarkern zusammen,[101] was über das Immunsystem wiederum die Resilienz negativ beeinflussen kann. Wie stark der Einfluss schlechterer medizinischer Versorgung auf die kindliche Entwicklung ist, wird auch dadurch bestimmt, welche Unterstützung die Familie vom Staat erfährt.[102] Hier bietet sich also eine Eingriffsmöglichkeit für die Politik.

Für die kognitive Entwicklung, also für emotionale und generelle Intelligenz, benötigt das Gehirn ausreichend Stimulation. Hier zeigen sich weitere Mechanismen, die den Zusammenhang zwischen sozioökonomischem Status und Resilienzfähigkeit erklären können. Verfügen die Eltern über eine höhere Bildung und arbeiten sie in einem anspruchsvollen Beruf,[103, 104] sprechen sie häufiger und ausführlicher mit ihren Kindern und stellen ihnen mehr stimulierendes Material und Möglichkeiten für neue Erfahrungen zur Verfügung. Beispielsweise gehen Kinder aus sozioökonomisch schwächeren Familien statisch seltener auf Ausflüge, in ein Museum oder eine Theatervorstellung.[105] Solche kulturellen Ressourcen stellen aber besonders wichtige Faktoren für die Entwicklung der emotionalen und sozialen Fähigkeiten eines Kindes dar.[106] Gerade die sprachliche Entwicklung eines Kindes steht im Zusammenhang mit dessen Resilienzfähigkeit, denn nur, wer die richtigen Worte findet, kann auch seine Emotionen kommunizieren oder andere um Hilfe bitten. Weiterhin bieten Eltern aus sozioökonomisch stärkeren Verhältnissen ihren Kindern in der Regel Möglichkeiten für Sport- oder Musikkurse – beides Tätigkeiten, die Stress verringern und dem Kind beibringen, durch Bewegung oder Kreativität angestauten Emotionen Luft zu machen. Auch hier bietet sich eine Chance, Kinder aus ärmeren Verhältnissen zu fördern, indem die Eltern beispielsweise an Eltern-Kind-Kursen teilnehmen oder die Kinder in Betreuungseinrichtungen gezielt gefördert werden. Frühe Intervention scheint auch für die emotionalen Fähigkeiten eines Kindes wichtig zu sein: Anpassungsstörungen in der frühen Kindheit hängen mit externalisierenden Verhaltensweisen, wie Aggressivität und Kriminalität, aber auch internalisierenden Problemen, wie Depression, im jugendlichen Alter zusammen.[107]

Im Schulalter bietet sich die Chance, dass Kinder aus schwierigen Verhältnissen neue Vorbilder finden und durch neue Erfahrungen und Bildungsangebote herausgefordert werden. Jedoch zeigen Untersuchungen, dass sich in der Schule die Benachteiligung häufig sogar verstärkt:[108] Lehrer schätzen Kinder aus sozioökonomisch schwachen Familien weniger positiv ein, bringen ihnen weniger positive Aufmerksamkeit entgegen und vergeben weniger Lob für deren gute Leistung – was wiederum zu Frustration bei den Schülern führt, so dass sich negative Stereotype leicht verselbstständigen und das Selbstbewusstsein der betroffenen Kinder geschwächt wird.

Der Gesamtzusammenhang zwischen sozioökonomischen und Resilienzfaktoren kann hier nicht im Detail analysiert werden. Ein letzter wichtiger Punkt, auf den ich eingehen möchte, ist das Stresserleben der Eltern. Prekäre Arbeitsverhältnisse der Eltern vermitteln auch den Kindern ein Gefühl von Unsicherheit und Unvorhersagbarkeit. Dies wiederum hat negative Konsequenzen für das kindliche Selbstbewusstsein und die erfahrene Autonomie – beides wichtige Faktoren für die Resilienzfähigkeit. Es kommt hinzu, dass Eltern, die sich um ihre finanzielle, gesundheitliche oder Wohnsituation sorgen müssen, die womöglich unter Ängsten oder Depression leiden, weniger Kapazitäten für ihre Kinder haben. Sie nutzen verstärkt Erziehungsstrategien, die auf Kontrolle beruhen, bieten ihren Kindern weniger Wärme und Einfühlungsvermögen.[109] Auch hier finden wir eine Möglichkeit, von außen und durch gesellschaftliche Bemühungen den Teufelskreis zu durchbrechen: Wer Eltern unterstützt, prekäre Lebens- und Arbeitsbedingungen verringert, lässt Kinder in ärmeren Verhältnissen mehr Sicherheit und Zuversicht erleben und stärkt so deren Zutrauen zu sich selbst und ihrer Umwelt.

Resilienz und Kultur

Wie wir mit einem traumatischen Erlebnis umgehen, was wir als stressig empfinden, wie gut wir eingebunden sind in unser soziales Umfeld und wie viel Unterstützung wir von unserer sozialen Gemeinschaft erhalten, all das hängt stark von unserer Kultur ab. Dies mag trivial erscheinen, hat aber weitreichende Konsequenzen, wie folgendes Beispiel verdeutlicht: Menschen, die eine Psychose durchleben, haben in den Industrienationen eine geringere Genesungswahrscheinlichkeit als Menschen in einigen Entwicklungsländern. Die Gründe dafür scheinen rein kultureller Form zu sein. In vielen Kulturen gilt das Hören von Stimmen nicht als Halluzination. Oft werden die Stimmen als freundliche Geister oder als Stimmen von Vorfahren verstanden. Auch der Inhalt des Gehörten unterscheidet sich: Während Betroffene in Europa und den USA aggressive Stimmen hören, hören Menschen in Ghana harmlose Aufforderungen, beispielsweise, endlich aufzuräumen. Dies empfinden sie nicht als bedrohlich, sondern lediglich als nervig.[110] Während bei uns die Betroffenen als Psychiatriepatienten eingewiesen und durch das damit zugewiesene Stigma oft zu Außenseitern der Gesellschaft werden, wird in anderen Kulturen den Betroffenen ein Mentor, oftmals eine Person, die ähnliche Erfahrungen gemacht hat, zur Seite gestellt, und sie erhalten Unterstützung durch ihre soziale Gemeinschaft. Ähnliches trifft auch auf Menschen zu, die aufgrund von Traumata oder chronischem Stress an psychischen Problemen leiden. Die Stigmatisierung als Patient kann soziale Isolation vorantreiben, was die psychischen Probleme wiederum verstärkt. Wer sich aufgrund der Reaktion auf das negative Erlebnis selbst als schwach oder krank einordnet, hat ebenfalls eine schlechtere Prognose auf rasche Genesung.[111]

Grundsätzlich lässt sich sagen, dass Kulturen, die soziale Gemeinschaft fördern und auf Unterstützung von Betroffenen setzen, Resilienz stärken. Besonders wichtig ist auch, dass über negative Ereignisse gesprochen werden kann. Können Frauen, die vergewaltigt wurden, niemandem davon erzählen, da sie gesellschaftliche Tabus verletzen oder sich gar selbst in Gefahr bringen, für die Tat verantwortlich gemacht und angeklagt zu werden, bietet sich ihnen keinerlei Ansatzpunkt, das Erlebte zu verarbeiten und einen Genesungsprozess in Gang zu bringen. Ein weiteres Beispiel: In der nepalesischen Kultur werden negative Ereignisse als schlechtes Karma verstanden, für das die Betroffenen oder deren Ahnen verantwortlich sind. Dieses schlechte Karma ist ein Stigma, weshalb Betroffene selten Hilfe suchen.[112]

Die Interaktion von Kultur und Resilienz ist komplex und geschieht auf vielen Ebenen. Oft gehören wir nicht nur der Mehrheitskultur unserer Gesellschaft an, sondern auch einer Minderheitskultur. Gerade Kinder und Jugendliche befinden sich häufig in einem Spannungsfeld zwischen verschiedenen Kulturen – nicht nur, wenn sie einen Migrationshintergrund haben, sondern auch, weil sich die Jugendkultur von der ihrer Eltern unterscheidet. Zum Beispiel kann ein enger Familienbezug und Respekt vor Familienältesten Kindern und Jugendlichen als Sicherheit und Orientierung dienen und insofern die Resilienz stärken. Andererseits kann ein Festhalten an Traditionen die Anpassungsfähigkeit von Kindern und Jugendlichen schwächen und sie davon abhalten, sich gegen Missbrauch und Gewalt im Familiensystem zur Wehr zu setzen.

Aufgrund des komplexen Zusammenspiels von Kultur und Resilienz schlagen Forscher vor, neue Methoden zu entwickeln, um Resilienzbildung zu untersuchen,[113] denn Fragebögen und Interviews erlauben in manchen Kontexten nur mangelhafte Datenerhebung. Zu solchen erweiterten Methoden gehört das Gestalten von Selbstporträts, Beziehungskarten oder Zeitlinien durch unterschiedliche Medien wie Fotografie, Video und Musik. Solche Ansätze versuchen, die Hierarchie zwischen Forschern und Versuchspersonen zu verringern und auf diese Weise die erhobenen Daten zu verbessern. In kollektivistischeren Kulturen können Gruppenarbeiten und -gespräche erfolgreicher sein als individuelle Interviews.[114] Multimediale Ansätze bieten die Möglichkeit, leichter ins Gespräch zu kommen und Verständigungshürden zu überwinden. Doch auch hier ist zu beachten, dass bei der Auswertung der Daten die Perspektive der Forschenden leicht den Schwerpunkt der Fragestellung und die Interpretation des Materials beeinflussen kann. Denn auch die Frage, was ein gelungenes Leben ausmacht, hängt von kulturell geprägten Erwartungen und Wünschen ab. Unterschiedlich sozialisierte Jugendliche assoziieren Resilienz mit unterschiedlichen Werten: mit Würde und Familienehre, mit sozioökonomischen Markern von Erfolg oder mit Respekt und sozialer Stellung.[115] Auch innerhalb Deutschlands interagieren viele Kulturen – wie gesagt nicht nur für Menschen mit Migrationshintergrund, sondern auch für Jugendliche, deren Vorstellung von einem guten Leben sich häufig von dem der Elterngeneration unterscheidet. Insofern ist es wichtig, in allen Untersuchungen und Interventionen die Perspektive der untersuchten Gruppe mit einzubeziehen.

Aktuelle Umwelteinflüsse

Natürlich hat auch unsere aktuelle Situation einen großen Einfluss auf unsere Resilienz. Eine akute Erkrankung kann unsere Widerstandsfähigkeit gegen Stress schwächen, da Resilienz mit dem Immunsystem zusammenhängt. Wer Schmerzen hat, ob akut oder chronisch, reagiert sensibler auf psychologische Stressfaktoren. Auch ob wir genug geschlafen und uns ausreichend und gut ernährt haben, beeinflusst, wie wir auf negative Erfahrungen im Alltag reagieren. Dass man leichter reizbar ist, wenn man müde oder hungrig ist, kennt sicherlich jeder gut. Neben diesen körperlichen Faktoren spielt natürlich die Psyche eine große Rolle – und somit alles, was unsere Seelenruhe beeinträchtigt: Einsamkeit und Isolation schwächen die Resilienz, während umgekehrt herzlicher Umgang mit den Mitmenschen und die Erfahrung von Unterstützung uns widerstandsfähig machen. Hinzu kommen Fragen der Autonomie und Sicherheit: Wer unter finanzieller Unsicherheit leidet, ist besonders anfällig für Stress. So konnte eine Studie zeigen, dass finanzielle Unsicherheit und Arbeitslosigkeit die Schmerzempfindlichkeit erhöhen sowie in Zusammenhang mit erhöhter Einnahme von Schmerzmedikation stehen.[116] Dieser Zusammenhang wird durch das Gefühl, keine Kontrolle über die eigene Situation zu haben, vermittelt. Dies ist ein Beispiel mehr für die Untrennbarkeit von körperlichem und seelischem Wohlergehen, welche beide gemeinsam für unsere Resilienz notwendig sind. Auf alle diese Punkte komme ich nun im letzten Teil im Detail zu sprechen, wenn wir uns den Strategien zur Steigerung der Resilienzfähigkeit zuwenden.

5. Strategien für mehr Resilienz

Resilienz zu fördern, beugt psychischen Erkrankungen vor. Besonders bei sogenannten «High risk»-Bevölkerungs- und Berufsgruppen macht dies Sinn. So haben Menschen, die im Rettungsdienst arbeiten, ein erhöhtes Risiko, an PTSD zu erkranken (10 Prozent),[117] ebenso Soldaten, die in Kriegs- und Krisengebieten im Einsatz sind (30 Prozent).[118] Wie hoch die psychische Belastung dieser Menschen ist, zeigt folgende erschreckende Statistik: Mehr amerikanische Soldaten kamen nach dem Krieg in Afghanistan durch Suizid ums Leben als durch tatsächliche Kriegsereignisse.[119] Die amerikanische Regierung hat dieses Problem erkannt und ein großangelegtes Programm begonnen, das die Resilienz der Soldaten erhöhen soll: Über 900 000 Soldaten nehmen am «Comprehensive Soldier Fitness» Programm teil.[120] Doch nicht nur wer von Extremereignissen wie Krieg oder Umweltkatastrophen betroffen ist, sondern auch andere Berufsgruppen profitieren von Resilienzförderung. Menschen in Pflegeberufen, Ärzte und Sozialarbeiter sind in häufigem Kontakt mit schweren Einzelschicksalen. Wer beruflich unter hohem Druck steht, ob als Anwalt, als Börsenmakler oder als Lehrer, läuft Gefahr, an Burn-out zu erkranken. Im letzten Jahrhundert hat sich die Arbeitswelt schnell und folgenreich verändert; die Intensivierung der Arbeitswelt hat dazu geführt, dass von weniger Arbeitenden mehr Leistung gefordert wird.[121] In der Folge leiden immer mehr Arbeitnehmer unter Stress und Burn-out. Die European Agency for Safety and Health at Work berichtete 2005, dass 50 bis 60 Prozent aller Fehltage bei der Arbeit auf Überarbeitung zurückzuführen sind und einer von vier Arbeitern von negativen gesundheitlichen und psychischen Folgen betroffen ist. Mindestens genauso betroffen ist, wer im Privaten mit emotionalen Herausforderungen zu tun hat: Trennungen, Krankheiten und Todesfälle können uns in schwere Krisen stürzen.

Um Resilienz zu stärken, kann viel getan werden – sowohl im Privaten und auf der individuellen Ebene als auch in der Arbeitswelt, in Schulen und Kindergärten. Grundsätzlich scheint der Einfluss der Umwelt größer zu sein als derjenige der genetischen Veranlagung. Auch hier sei noch einmal bemerkt, dass der Einzelne nicht allein für seine psychische Widerstandskraft verantwortlich gemacht werden kann. Sicherlich kann jeder selbst seine Resilienz stärken – ich gehe im Folgenden auf Strategien ein –, doch um Resilienz wirklich erfolgreich in der breiten Bevölkerung zu fördern und vor allem auch, um diejenigen zu erreichen, die wirklich bedürftig sind, ist ein Zusammenspiel von sozialer Gemeinschaft und Gesamtgesellschaft notwendig. Es ist nichts dagegen zu sagen, wenn wir Strategien für mehr Resilienz auch zur Selbstoptimierung nutzen, denn von Stressresistenz profitieren wir alle. Wichtig ist aber dabei, nicht zu vergessen, dass nicht jeder diese Möglichkeit hat: Nicht jeder hat die Zeit, die kognitiven und finanziellen Kapazitäten, die Informationen, kurz die Ressourcen, die nötig wären, um die eigene Resilienz zu stärken. Politik, Sozial- und Bildungseinrichtungen stehen in der Verantwortung, Kindern und Jugendlichen aus schwierigen Verhältnissen diese zu ermöglichen. Und letzten Endes ist auch jeder Einzelne gefragt, sich für Menschen im eigenen Umfeld einzusetzen und diese zu unterstützen, wenn sie negativen Lebensereignissen ausgesetzt sind.

Wer Programme zur Stärkung von Resilienz organsiert, sollte sich die Zeit nehmen, darüber zu reflektieren, was das Ziel eines solchen Programms oder Trainings ist. Denn wie im Kapitel zur Messung von Resilienz beschrieben, haben wir unterschiedliche Auffassungen davon, was ein erfolgreiches und gutes Leben ist. So sollten Wünsche und Ziele der Betroffenen, nicht allgemeine Maße wie Erfolg im Beruf oder gute Noten wegweisend sein.

Im Folgenden beschreibe ich Strategien der Resilienzförderung, die sowohl präventiv als auch zur Stärkung während oder nach einer schwierigen Lebensphase helfen können. Dies bedeutet nicht, dass Schicksalsschläge uns nicht betreffen – und das sollte auch nicht das Ziel sein. Zur Resilienz gehört auch, sich emotional mit schweren Erlebnissen auseinanderzusetzen, und nicht, dass man gar nicht leidet. Wer akzeptiert, dass Leid zum Leben gehört, hat bereits den ersten Schritt zu einer erfolgreichen Bewältigung getan. Wenn ein schweres Trauma, eine besonders schlimme Erfahrung vorliegt und Betroffene unter Depression, Ängsten oder Symptomen der posttraumatischen Belastungsstörung leiden, sollte unbedingt professionelle Hilfe in Anspruch genommen werden. Die hier beschriebenen Strategien können ergänzend angewandt werden.

Coping

Sind wir einem negativen Stressor ausgesetzt, nutzen wir Coping-Strategien, um darauf zu reagieren. Coping-Strategien können sich individuell stark unterscheiden und sind außerdem von dem vorhandenen Stressor abhängig. Lazarus unterscheidet in seinem Stressmodell zwischen problemorientiertem und emotionsorientiertem Coping. Beim problemorientierten Coping wird der Betroffene aktiv und reagiert auf den Stressor durch Handlungen. Beim emotionsorientierten Coping reagiert der Betroffene, indem er oder sie die Emotionen, die durch den Stressor hervorgerufen werden, herunterreguliert. Diese beiden Strategien werden in der Praxis von uns allen regelmäßig und meist in einer Mischform angewandt. Ein Beispiel wäre eine vergessene Deadline, bis zu der ein Bericht abgeliefert werden muss. Eine problemorientierte Reaktion wäre es, sich unmittelbar hinzusetzen und am Bericht zu arbeiten. Eine emotionsorientierte Reaktion wäre, sich erstmal mit einem Stück Schokolade oder einem Glas Wein zu beruhigen. Die meisten Menschen kombinieren diese Strategien und setzen sich schnellstmöglich mit dem Glas Wein an den Bericht. Andere Menschen nutzen soziale Unterstützung als Coping-Strategie: Dabei kommt es ebenfalls in der Regel zu einer Kombination von Emotionsregulation – indem man über den Stressfaktor spricht – und Problemlösung – indem man den anderen um Hilfe bittet. Als eine dritte Coping-Strategie nennt Lazarus die Neubewertung, auf die ich später genauer eingehe.

Die von Lazarus genannten Coping-Mechanismen sind positive Strategien: Sie sind konstruktiv und tragen dazu bei, einerseits die emotionale Reaktion auf den Stress zu kontrollieren und andererseits auf den Stressfaktor aktiv zu reagieren. Es gibt allerdings auch negative, maladaptive Coping-Strategien. Hierzu zählen die Vermeidung des Stressfaktors, das Ablenken und das Fluchtverhalten. In Bezug auf die Emotionsregulation kann es schwierig sein, zwischen positiven, also adaptiven und negativen, maladaptiven Verhaltensweisen zu unterscheiden. Ich habe das Stück Schokolade oder das Glas Wein als eine positive Form der Stressreduktion genannt. Doch solche Coping-Mechanismen können leicht in eine maladaptive Reaktion umkippen: Wenn aus dem Stück Schokolade eine ganze Tafel oder aus dem Glas Wein eine ganze Flasche wird. Selbstmedikation in Reaktion auf Stress ist ein schwieriger Balanceakt, der von der erfolgreichen Regulation in ein Vermeidungs- oder Fluchtverhalten kippen kann.

Es handelt sich sonst bei den im Folgenden vorgeschlagenen Strategien um eine Mischung aus Coping-Strategien, also um Verhaltensweisen, die gezielt der Stressbewältigung dienen, und aus Methoden und Übungen, mit deren Hilfe wir unsere Stresstoleranz erhöhen und uns körperlich und mental stärken können, um dann unsere individuellen Coping-Mechanismen effizienter einzusetzen.

Körper: Grundlagen schaffen – Ernährung, Fitness, Schlaf

Wenn wir Stress und Widrigkeiten die Stirn bieten wollen, bedarf es gewisser Voraussetzungen. So trivial es auch erscheinen mag: Gesunde Ernährung, regelmäßige körperliche Betätigung und ausreichender und erholsamer Schlaf bilden die wichtigsten Grundlagen für die Resilienzfähigkeit. Körper und Seele sind keine voneinander unabhängigen Einheiten, und nicht nur unsere physische, sondern auch unsere psychische Gesundheit ist untrennbar mit diesen Faktoren verbunden.

Dass unsere Ernährung einen großen Einfluss auf unsere physische Gesundheit hat, wissen die meisten. Wie stark jedoch Ernährung auch unsere Psyche beeinflusst, ist weniger bekannt. Studien mit Mäusen, deren Darmflora Forscher manipuliert hatten, belegen nicht nur einen Zusammenhang mit Übergewicht und den damit einhergehenden Risiken für Erkrankungen wie Herz-Kreislauf-Beschwerden und Diabetes, sondern auch mit dem psychischen Wohlergehen. Mit Mäusen, die keinerlei Darmbakterien haben, lässt sich erforschen, welchen Einfluss die Darmflora auf die Entwicklung und das Verhalten der Tiere hat. So konnte gezeigt werden, dass die Darmflora in klarem Zusammenhang mit der HPA-Achse steht[122] sowie auch mit dem Verhalten der Mäuse.[123] Auch beim Menschen gibt es ein komplexes Zusammenspiel von Ernährung, Darmbakterien und Widerstandskraft gegen Stress. Unsere Darmflora reagiert sensibel auf Umwelteinflüsse: was wir essen, wie viel Sport wir machen, welche Medikamente wir zu uns nehmen, wie viel Stress wir erleben – all das beeinflusst, welche Bakterienstämme in unserem Darm präsent sind.

Über unsere Ernährung können wir am besten Einfluss auf unsere Darmgesundheit und Darmbakterien nehmen. So empfehlen Forscher die sogenannte mediterrane Diät: möglichst viel Gemüse, Fisch und faserreiche Vollkornprodukte, möglichst wenig Zucker. Wie gezeigt werden konnte, führt diese Art der Ernährung zu verringerten Mengen an Cortisol und Entzündungsmarkern im Blut und trägt somit entscheidend zur Widerstandsfähigkeit gegen Stress bei.[124] Zudem sind fermentierte Nahrungsmittel, wie Kimchi, Jogurt, Kefir und Sauerteig, besonders gut für die Darmbakterien, die einen positiven Einfluss auf unsere Psyche zu haben scheinen.[125] Eine weitere Empfehlung ist, keine vorverarbeiteten Produkte zu kaufen. Denn die industrielle Herstellung von Nahrungsmitteln hat zur Folge, dass viele Zutaten genutzt werden, die schädlich sein können und die wir, wenn wir selbst kochen, gar nicht benötigen. Besonders problematisch sind Emulgatoren, die die schützende Schleimschicht unseres Darms schädigen. Ist diese nicht vorhanden, können Bakterien unsere Darmwand angreifen – es kommt zu Entzündungen, und wenn man Pech hat, entwickelt sich ein Reizdarmsyndrom. Systemische Entzündungen erhöhen wiederum das Risiko, an Depressionen und Angststörungen zu erkranken.[126]

Auch die ausreichende Versorgung mit Nährstoffen und Vitaminen ist essenziell für die psychische Widerstandskraft. Gerade während der Entwicklung des Gehirns in Kindheit und Jugend kann die Ernährung einen regelrechten Schutzfaktor für die Psyche bilden. Mehrfach ungesättigte Fettsäuren, wie in Fischöl vorhanden, sind besonders vielversprechend. An Ratten konnte gezeigt werden, dass ein Zusatz solcher Fettsäuren zur Nahrung die Stressresilienz erhöht: Ratten, die mehr ungesättigte Fettsäuren zu sich nahmen, waren widerstandsfähig gegen Stress.[127] «Widerstandsfähig» heißt hier, dass die Ratten unbeeinträchtigt in kognitiven Aufgaben (d.h. in Gedächtnistests: im Wiedererkennen von Objekten und emotional beladenen Kontexten) waren, dass ihre Darmflora nicht vom Stress geschädigt wurde und dass sie dieselbe Menge des Wachstumsfaktors BDNF (siehe unten) im Hippocampus aufwiesen wie ungestresste Ratten. Die Intervention durch Nahrungszusätze bei Stress fand in diesem Experiment bei jugendlichen Ratten statt. Die positiven Konsequenzen der Ernährung hielten sich bis ins Erwachsenenalter.

Diese und viele andere Studien belegen: Wenn die Grundbedürfnisse des Organismus gedeckt sind, bleiben mehr Kapazitäten für das Gehirn, sich produktiv mit Stressoren auseinanderzusetzen, Emotionen zu regulieren, zu reflektieren und in Beziehungen zu investieren. Wenn schon der Körper sich hingegen in einem gestressten Zustand befindet, weil das Immunsystem daueraktiv ist, bleibt wenig Energie für kognitiv anspruchsvollere Aufgaben – das Gehirn läuft dann sozusagen auf Autopilot und trifft Entscheidungen eher impulsiv. Hier haben wir also ein sehr starkes Werkzeug, das wir selbst beeinflussen können: Über unsere Ernährung lässt sich unsere psychische Widerstandskraft stärken.

Ebenso wie die Ernährung beeinflusst unsere Fitness, wie wir mit Stress umgehen. Schon vor 7000 Jahren war in China bekannt, dass körperliche Aktivität essenziell für unser Wohlergehen ist.[128] Doch erst in der Neuzeit konnten Studien belegen, dass sich körperliche Fitness auch positiv auf unsere psychische

Gesundheit und auf die Resilienzfähigkeit auswirkt. Auch Fitness gilt als ein Schutzfaktor gegen die negativen Konsequenzen von Stress.[129, 130] Der Zusammenhang hier ist allerdings ein anderer als bei der Ernährung: Regelmäßige körperliche Betätigung wirkt wie ein Stresspuffer.

Wer fit ist, hat im Ruhezustand weniger Cortisol im Blut und zeigt einen geringeren Anstieg, wenn ein stressiges Ereignis eintritt, selbst wenn es «nur» ein psychischer Stressfaktor ist.[131, 132] Auch im Gehirn macht sich regelmäßiger Sport bemerkbar, und zwar in Form von mehr grauer Substanz im Hippocampus, der Gehirnregion, die besonders sensibel auf Stress reagiert (s. Kapitel 1), und im präfrontalen Kortex, der für unser logisches Denken, unsere Selbstkontrolle und Emotionsregulation zuständig ist.[133, 134] Diese Zunahme an grauer Substanz wiederum wirkt sich positiv auf die Stimmung aus.[135]

Der Puffereffekt kommt durch einen spannenden Mechanismus zustande: Sportliche Aktivität ruft im Körper dieselbe Stressantwort hervor wie psychischer Stress, also eine Aktivierung der HPA-Achse, einen Anstieg des Cortisollevels, des Herzschlags und der Atemfrequenz. Mit Blick auf die entwicklungsgeschichtliche Entstehung dieser Reaktion auf Stress leuchtet dies ein. Wenn unsere Vorfahren vor einem Tiger im Gebüsch erschraken oder in der Endphase der Mammutjagd besonders hohe Konzentration erforderlich war, aktivierte ihr Körper, durch die HPA-Achse vermittelt, ihr sympathisches Nervensystem und somit die *«fight or flight»*-Reaktion. Nun war körperlicher Einsatz gefragt.

Stress und körperliche Betätigung hängen also zusammen, doch wie kann die regelmäßige Aktivierung des Stresssystems durch Sport die Resilienz stärken, während chronischer Stress womöglich zu Burn-out führt? Die Antwort ist: Körperliche Betätigung trainiert nicht nur unsere Fitness, sondern auch unser Stresssystem und macht uns so widerstandsfähiger. Wer regelmäßig Sport treibt, reagiert im ersten Augenblick ebenso stark auf einen neuen Stressfaktor wie jemand, der nicht fit ist. Doch der Sportler kann sich schneller anpassen[136] und erholt sich schneller.[137] Wie beim Krafttraining benötigt der Körper auch für dieses Training der Stressreaktion sowohl die regelmäßige Exposition als auch ausreichende Erholungsphasen zwischendurch. Bei psychischem Dauerstress hingegen hat die HPA-Achse keine Zeit zur Erholung und somit auch keine Zeit, stärker zu werden beziehungsweise ihre Antwort auf Stress zu optimieren. Genauso wie wir untrainiert keinen Marathon laufen können. Wer durch regelmäßige sportliche Betätigung seine Stressreaktion trainiert und optimiert, ist also besser auf Stress vorbereitet und kann auch länger andauernden oder unerwartet auftretenden Stress besser aushalten.

Das Stresssystem können wir auch mit Hilfe einer anderen Methode trainieren: saunieren. Den Körper kurzzeitig und regelmäßig hohen Temperaturen auszusetzen hat viele Vorteile für die Gesundheit: Es verbessert die Herz-Kreislauf-Gesundheit (wer vier- bis siebenmal pro Woche in die finnische Sauna geht, hat ein 50 Prozent geringeres Risiko an einer Herz-Kreislauf-Erkrankung zu sterben![138]), verbessert die allgemeine Fitness durch verschiedene Mechanismen, etwa indem mehr Sauerstoff zu den Muskeln transportiert werden kann, erhöht die Menge der roten Blutkörperchen und lässt uns schwitzen. Beim Schwitzen wiederum werden mehr Schwermetalle aus dem Körper ausgeschieden als auf irgendeinem anderen Weg. Beispielsweise kann der Körper über zehnmal mehr Blei und Cadmium über den Schweiß als über den Urin entsorgen.[139] Dass Saunieren die Psyche beeinflussen kann, konnte eine Studie zeigen, nach der regelmäßiges Saunieren depressive Symptome verringerte.[140] Dies ist ein weiteres, beeindruckendes Beispiel dafür, wie Körper und Psyche untrennbar miteinander verbunden sind.

Ein Zusammenhang von Saunagang und Resilienz mag zuerst überraschend erscheinen. Doch wenn wir uns erinnern, wie wir die Stressreaktion durch Sport trainieren, können wir auch diesen Zusammenhang verstehen. Den Körper hohen Temperaturen auszusetzen ist eben auch eine Form von Stresstraining. Beim Saunagang wird eine hormetische Reaktion ausgelöst. Hormesis ist ein Prozess, der je nach Menge oder Dauer der Exposition eine unterschiedliche Wirkung hat, genauso, wie wir dies schon für Stress in der Kindheit gesehen haben: Geringe

Mengen oder «positiver» Stress kann eine vorteilhafte Wirkung auf die Resilienz haben. In diesem Fall stellen also kurze Phasen von Hitze positiven Stress für den Körper dar, während länger andauernde Hitze schädlich wäre. Bei Hitzestress produziert der Körper sogenannte *heat shock proteins*. Diese können andere Proteine reparieren, die falsch gefaltet sind, und so verhindern, dass diese falsch gefalteten Proteine zusammenklumpen, was beispielsweise bei Alzheimer oder Parkinson passiert. Ein weiteres Protein, dessen Produktion durch Hitzestress angeregt wird, heißt FOXO3. Es wird mit einem langen Leben in Zusammenhang gebracht, da es die Stressresistenz des Körpers erhöht und hilft, Schäden in der DNA zu reparieren. Hinzu kommt, dass regelmäßiges Saunieren die Bildung von BDNF *(brain-derived neurotrophic factor)* und Norepinephrin anregt.[141, 142] Norepinephrin steigert unsere Konzentrationsfähigkeit (Aufmerksamkeitsstörungen bei ADHS werden durch Norepinephrin-Wiederaufnahme-Hemmer behandelt!). BDNF hilft existierenden Zellen zu überleben und fördert die Neubildung von Nervenzellen im Hippocampus – der Region, die besonders empfindlich auf Stress und Traumata reagiert und die wir benötigen, um neue Erinnerungen zu formen. Es konnte in Tierstudien gezeigt werden, dass BDNF außerdem die negativen Effekte von Stress in der Kindheit ausgleichen kann und depressive Verhaltensweisen und Angstreaktionen verringert.[143] In der zitierten Studie wurde die Menge von BDNF übrigens nicht dadurch erhöht, dass die Ratten eine Rattensauna besuchten, sondern durch andere Methoden, die ich bereits erwähnt habe: durch sportliche Betätigung und gute Ernährung!

Beinahe alle physiologischen Komponenten, die zu unserem inneren Gleichgewicht beitragen, folgen einem Tagesrhythmus.[144] So verändert sich die Menge an Cortisol – und vieler anderer Hormone – über den Tag hinweg – nicht, weil wir mehr oder weniger Stress erleben (die Cortisolmenge ist kurz vor dem Aufwachen am höchsten), sondern einfach, weil unsere innere Uhr dies so vorgibt. Veränderungen unseres Tagesrhythmus beeinflussen dieses natürliche Auf und Ab. Wer unregelmäßig oder zu wenig schläft, hat einen stark erhöhten Cortisollevel[145] und mehr Entzündungsmarker im Blut.[146] Die HPA-Achse reguliert ihre eigene Aktivität weniger erfolgreich,[147] was zu einer erhöhten Empfindlichkeit gegenüber Stress führt. Es ist bekannt, dass Schichtarbeiter und Vielreisende mit häufigem Jetlag ein erhöhtes Risiko für Herz-Kreislauf-Erkrankungen und Diabetes,[148, 149] aber auch für psychische Probleme haben. Doch in Zeiten von Smartphones und Tablets ist die Gruppe der Betroffenen erheblich gewachsen. Seit 2010 ist die Zahl der Menschen mit Schlafstörungen um 66 Prozent angestiegen.[150] Immer mehr Menschen leiden unter schwerer Schlaflosigkeit und greifen auf Medikamente zurück, um überhaupt zur Ruhe zu kommen. So entsteht häufig ein Teufelskreis, denn der pharmakologisch vermittelte Schlaf ist nicht so erholsam wie der natürliche. Wer dann am nächsten Tag noch müde ist, trinkt mehr Kaffee und wird am Abend deshalb wahrscheinlich erneut auf Schlafmittel zurückgreifen müssen.

Vermehrte Schlafstörungen scheinen mit dem Einzug des Smartphones in unsere Schlafzimmer zusammenzuhängen. Wir können also selbst Einfluss auf unsere Schlafhygiene nehmen. Forscher empfehlen, mindestens eine, besser gar zwei Stunden vor der gewünschten Einschlafzeit nicht mehr auf einen Bildschirm zu sehen. Wenn doch, so sollte ein Blaulichtfilter verwendet werden. Denn das blaue Licht unterdrückt die Produktion von Melatonin, einem Hormon, das für gesunden Schlaf nötig ist. Wer elektrisches Licht in den Abendstunden vermeiden oder zumindest dimmen kann, wird nicht nur besser schlafen. Je besser unser Körper einem natürlichen, physiologischen Tagesrhythmus folgen kann, desto widerstandsfähiger werden wir, nicht nur körperlich, sondern auch psychisch.

Die hier genannten Grundlagen für mehr Widerstandsfähigkeit gegen Stress können vom Einzelnen umgesetzt werden, allerdings nur in einem begrenzten Maß. Denn wann die Schule anfängt, wann die Arbeitsschicht beginnt und was es zu Mittag in der Kantine gibt, liegt nicht in unserer Hand. Vielmehr können und sollten diese Grundlagen auch in Arbeitswelt sowie in Schulen und Kindergärten gefördert werden. Hier sind Personalchefs und Politiker gefragt: Von ausreichenden Pausen und Bewegungsmöglichkeiten über gesunde Nahrungsmittel bis hin zu späterem Unterrichtsbeginn bieten sich viele Möglichkeiten, die Resilienz von Arbeitnehmern und Kindern zu unterstützen. Davon würden letztendlich alle profitieren: weniger Fehltage, ausgeschlafene und aufgeweckte Mitarbeiter und Schüler, die sich besser konzentrieren können – all das erhöht die Produktivität,[151] bringt bessere PISA Ergebnisse[152, 153] und, das ist am wichtigsten, mehr Zufriedenheit und bessere Stressbewältigung bei allen Beteiligten. Ein weiterer Ort, an dem eben diese grundlegenden Bereiche häufig ignoriert werden, sind paradoxerweise Krankenhäuser. Dort, wo Menschen gesund werden sollen, wo ihre Widerstandsfähigkeit besonders auf die Probe gestellt wird, wird meist ungesundes Essen mit vielen Zusätzen serviert, werden die Patienten für Kontrollen im Schlaf gestört und wird kaum zu Bewegung angeregt. Dass kleine Verbesserungen in diesem System den Patienten enorm helfen,[154, 155] sollte keine Überraschung sein.

Die so weit beschriebenen, unterschiedlichen Einflüsse auf die Resilienzfähigkeit summieren sich. So konnte gezeigt werden, dass Studienteilnehmer, die sowohl regelmäßig Sport trieben als auch hohe Werte im Bereich Widerstandsfähigkeit *(hardiness)* zeigten, gesünder waren als diejenigen, die nur eines dieser Kriterien erfüllten.[156] Wer beginnt, sich gesünder zu ernähren oder mehr Sport zu treiben, wird auch besser schlafen. Wer gut schläft, hat mehr Energie, sich in seinen sozialen Beziehungen zu engagieren – ein weiterer Faktor, der die Resilienzfähigkeit stärkt.

***Soziales Miteinander:* Unterstützung und Nähe**

Gemeinschaft macht stark, hält jung und gesund. Und zwar sowohl körperlich als auch psychisch. Wobei inzwischen klar geworden sein sollte, dass eine klare Trennung dieser beiden Aspekte eigentlich gar nicht möglich ist. Besonders beeindruckende Hinweise auf den positiven Einfluss von sozialem Miteinander stammen aus Untersuchungen von Menschen aus Erdregionen, in denen die durchschnittliche Lebenserwartung ungewöhnlich hoch ist. Hierzu gehören unter anderem Okinawa in Japan, Sardinien in Italien und Icaria in Griechenland. Neben einer gesunden Ernährung und regelmäßiger körperlicher Betätigung zeichnen sich diese Menschen besonders durch ihre engen sozialen Gemeinschaften aus.[157] Studien legen nahe, dass die Menschen in Okinawa besonders stressresilient sind, da sie in engen sozialen Beziehungen engagiert sind.[158] Der familiäre Zusammenhalt ist stark und wird besonders durch Festlichkeiten zu Ehren verstorbener Vorfahren zelebriert.

Interessant ist hier auch, dass die Menschen in Okinawa zu einer sozioökonomisch schlechter gestellten Gesellschaftsschicht zählen. Dies gibt uns einen Hinweis darauf, dass es nicht allein Bildung, Einkommen und Beruf sind, die Resilienz vermitteln, sondern dass die wirklich entscheidenden Einflussfaktoren lediglich mit dem sozioökonomischen Status korrelieren und so den Eindruck erwecken, für Resilienz verantwortlich zu sein – zumindest in unserer Gesellschaft. Solche versteckten Einflussvariablen, die sowohl mit der gemessenen Variablen als auch mit dem untersuchten Maß korrelieren, nennt man «*Confounder*». Wenn also beispielsweise ein niedriger sozioökonomischer Status mit einem ungesunden Lebensstil einhergeht, kann es leicht so aussehen, als würde der sozioökonomische Status zu niedrigerer Resilienz führen. Es ist allerdings gut möglich, dass hier die Lebensweise einen «*Confounder*» darstellt, welcher den Zusammenhang zwischen Resilienz und sozioökonomischem Status vermittelt. Allerdings legen Studien, unter anderem Tierstudien, nahe, dass ein niedriger Status innerhalb einer Hierarchie zu mehr gesundheitlichen Problemen führt – unter anderem gerade deshalb, weil der Mensch oder eben die Maus aufgrund ihres niedrigen Status mehr Stress erlebt: durch Konfrontation mit Ranghöheren, durch Streitereien um Ressourcen und durch Niederlagen. Entscheidend mag hier das individuelle Bezugssystem sein. So stehen die Menschen in Okinawa zwar im Vergleich zu Japan insgesamt sozioökonomisch schlechter da, doch durch den engen Zusammenhalt innerhalb ihrer Gemeinschaft ist genau diese Gemeinschaft auch ihr Bezugssystem, und nicht die japanische Gesamtgesellschaft.

In unserer modernen und vernetzten Gesellschaft ist dies ein kritischer Punkt. Denn aufgrund unserer starken Vernetzung neigen wir dazu, uns selbst nicht in Bezug zu unserem direkten sozialen Umfeld einzuordnen, sondern in unser digitales, globales Netzwerk. Dies kann leicht hunderte bis tausende Menschen umfassen, die man häufig nicht einmal persönlich kennt. Wir vergleichen uns mit Superreichen oder Leistungssportlern, die in unseren sozialen Feeds präsent sind, und ordnen uns selbst infolgedessen niedriger in der sozialen Hierarchie ein, als es in unserer realen Bezugswelt eigentlich der Fall ist. Selbst wenn wir uns darüber im Klaren sind, dass viele dieser medial vermittelten Inhalte stark bearbeitet und somit nicht repräsentativ sind, bedeutet dies nicht, dass sie keinen Einfluss auf uns haben.[159] Dies ist nämlich kein bewusster Vorgang, sondern ein einfacher biologischer Mechanismus: Unser Gehirn sammelt «Daten» über unsere Umwelt und berechnet daraus einen Erwartungswert. Dieser Mittelwert kann durchaus rein visuell vermittelt sein. Wer ständig Bilder von wunderschönen Menschen konsumiert, entwickelt einen anderen Erwartungswert für attraktives Aussehen als jemand, der nur die «Normalos» in der Nachbarschaft sieht. Im Vergleich zu dem verzerrten Mittelmaß ordnet der mit dem vermeintlich größeren Horizont sich selbst in der unteren Hälfte ein. So schafft man sich unnötigen Stress. Dagegen hilft nur eine gewisse Medienabstinenz oder immerhin eine Reduktion der Profile, denen man folgt, auf Personen aus dem realen Umfeld.

Reale soziale Verbindungen hingegen stärken unsere Resilienz ungemein. Stabile soziale Beziehungen, in der Partnerschaft, in der Familie oder auch im Freundeskreis, bilden einen Hauptfaktor der Resilienz. Entscheidend ist nicht die Quantität der Beziehungen, sondern das Gefühl, sich in der Not auf jemanden verlassen zu können, und das Wissen, dass man sich Hilfe holen kann. Es müssen auch keine familiären Beziehungen sein. «Blut ist dicker als Wasser» trifft häufig nicht zu. Tatsächlich deuten Untersuchungen an, dass lebenslange Freundschaften sogar besser für das Wohlergehen sind als familiäre Beziehungen.[160] Vermutlich, weil sie sich nicht auf bloßer Verwandtschaft gründen, sondern aus anderen Gründen lange halten – aufgrund von Gemeinsamkeiten und Loyalität. Wer keine Gemeinschaft hat, dem bieten sich viele Möglichkeiten, sich eine zu schaffen: Vom sozialen Engagement in Kirchengemeinden, über die Aktivität in Sportvereinen bis hin zur ehrenamtlichen Tätigkeit ermöglichen viele Bereiche und Einrichtungen, Gemeinschaft und soziale Unterstützung zu geben und selbst zu erleben.

Wichtig dabei ist, dass die bloße Menge an sozialen Beziehungen nicht ausreicht, um die Psyche zu stärken. Entscheidend ist die Qualität der Beziehungen. So konnte eine Untersuchung zeigen, dass Menschen, die zwar viele Freunde hatten, also nicht sozial isoliert waren, allerdings das Gefühl hatten, zu keinem dieser Freunde eine wirklich enge und offene Beziehung zu haben, unter ebenso vielen psychischen Problemen litten wie Menschen, die sich als einsam und isoliert beschrieben. Die Forscher nennen diese Form der Einsamkeit «emotionale Isolation». Sie betraf in der genannten Untersuchung ein Viertel der befragten Personen.[161] Summiert man diese Zahl mit den Menschen, die als klassisch einsam, also sozial *und* emotional isoliert, eingestuft wurden, waren ganze 40 Prozent der Befragten (in dieser Studie US-Amerikaner) betroffen. Die Menge der Menschen, die von Einsamkeit betroffen sind, variiert zwischen Ländern und Kulturen. Wie zu erwarten, ist die empfundene Einsamkeit in den Industrienationen am höchsten. Dieser Entwicklung können wir am besten gesamtgesellschaftlich entgegenwirken. Ein guter Beginn wäre, soziale Interaktion in Kindergarten und Schule zu fördern und Teamarbeit statt individuellen Wettstreit zu belohnen. Familiärer und freundschaftlicher Zusammenhalt kann im Alltag von jedem aktiv gelebt werden – doch auch hier können Politik und Wirtschaft Einfluss nehmen: durch familienfreundlichere Arbeitsbedingungen und die Unterstützung von Kollegialität statt von Ellbogenmentalität bei der Arbeit.

Psyche: Übungen

Gesundheit, Fitness und soziales Miteinander schaffen wichtige Grundlagen für die psychische Widerstandsfähigkeit. Zusätzlich lässt sich diese auch direkt stärken – durch einfache Übungen, die man in den Alltag einbauen kann, durch Gedankenexperimente und durch gezielte Reflexion. Besonders effektiv ist eine Auseinandersetzung mit den eigenen Vorstellungen, Erwartungen und Werten in Lebensphasen, in denen es uns gut geht. Wer bereits gestresst ist oder aktuell eine traumatische Erfahrung oder einen großen Verlust durchlebt, hat selten die kognitiven Kapazitäten dafür. Doch natürlich können auch in schwierigen Lebensphasen Reflexion und Offenheit die Resilienz stärken – wenn wir bereit sind, uns darauf einzulassen. Entscheidend ist bei diesen Übungen nicht die Leistung, es gibt keinen messbaren Erfolg. Entscheidend ist, dass durch eine experimentelle Einstellung zum Leben und zu sich selbst sowohl eine größere Offenheit für Erlebnisse als auch neue Wege und Verhaltensweisen geschaffen werden können.

In solchen mentalen Übungen zeigen sich eindeutige Parallelen zur Geisteshaltung der stoischen Philosophie, die ich zu Beginn des Buches im historischen Kontext erwähnte. Denn diese Übungen zielen darauf ab, das zu beeinflussen, was wir tatsächlich ändern können: unsere Gedanken, unsere Reaktionen und Emotionen. Genau diese Ratschläge gaben bereits stoische Philosophen. Auch in der Neuzeit ist die Überlegung populär, dass wir zwar nicht steuern können, was uns zustößt, wohl aber, wie wir darauf reagieren. Besonders eindrucksvoll wird dies in folgendem Zitat deutlich, das Viktor Frankl zugeschrieben wird (doch dessen Ursprung umstritten ist): «Zwischen Reiz und Reaktion gibt es einen Raum. In diesem Raum haben wir die Freiheit und die Macht, unsere Reaktion zu wählen. In unserer Antwort liegen unsere Entwicklung und unser Wohlergehen.»[162]

Erwartungen anpassen

Unsere Erwartungshaltung gegenüber uns selbst, unserem Leben und unseren Mitmenschen nimmt Einfluss darauf, wann wir beginnen, uns gestresst zu fühlen, und welche Ereignisse uns aus der Bahn zu werfen drohen. Wer erwartet, dass im Leben alles reibungslos verläuft, dass keine Schwierig- und Widrigkeiten auftauchen, der wird nicht nur enttäuscht, sondern möglicherweise gar in tiefere Krisen stürzen. Hier hilft es, seine Erwartungen zu überdenken und anzupassen. Dies soll nicht bedeuten, dass wir eine pessimistische Weltsicht annehmen und immer das Schlimmste erwarten sollten. Es bedeutet auch nicht, dass wir unsere Hoffnungen, Wünsche und Träume aufgeben müssen. Es bedeutet lediglich, dass eine gesunde Portion Realismus notwendig ist: nämlich das Verständnis, dass es meistens nicht so kommt, wie man es sich vorgestellt hat, und – das ist das Entscheidende – dass dies in Ordnung ist. Wer sich nicht auf einen festen Lebensplan fixiert, dem eröffnen sich unter Umständen andere Möglichkeiten und Wege, auf die er oder sie gar nicht gekommen wäre. Doch bedeutet Realismus eben auch Pragmatismus: Es wird im Leben nicht alles reibungslos verlaufen. Wir werden alle Erfahrungen machen, die nicht angenehm sind: einen geliebten Menschen zu verlieren, verlassen zu werden, einen Lebenstraum nicht erfüllen zu können, mit Krankheit, Schmerz und Leid konfrontiert zu werden. Wer seine Erwartungen an das Leben anpasst, sich darüber klar wird, dass solche Erlebnisse ebenso dazugehören wie die guten, schönen, angenehmen Seiten des Lebens, der wird allein durch diese Einsicht resilienter.

Perspektivenwechsel

Eine ähnliche Übung, die auch gut «akut» helfen kann, also in Situationen, in denen man spürt, dass das psychische Wohlergehen bedroht ist, ist der Perspektivenwechsel. Befinden wir uns in einer Stresssituation oder in einer schwierigen Lebensphase, können wir die erlebten Widrigkeiten relativieren, indem wir uns mental in ein anderes Bezugssystem begeben. Ein einfacher Perspektivenwechsel kann sein, ein Ereignis zeitlich zu relativieren: Eine stressvolle Lebensphase lässt sich leichter ertragen, wenn man sich bewusst macht, dass es nur eine Phase ist und ruhigere Zeiten folgen werden. Ähnlich lassen sich alltägliche Scherereien relativieren, wenn man sich klarmacht, wie gut man es eigentlich hat, im Vergleich zu vielen Menschen in schwierigeren Lebenssituationen.

Wenn es um mehr geht als den Bürostress oder Streitigkeiten mit dem Partner, erscheint ein solcher Perspektivenwechsel als wenig hilfreich. Doch gerade in solchen Fällen kann eine neue Perspektive auf das eigene Leben einen besonders großen Effekt haben. Dies belegen zahlreiche Studien mit schwerkranken Patienten, die an Achtsamkeitsmeditationskursen teilnahmen.[163, 164] Achtsamkeitsmeditation lässt den Meditierenden eine neue Haltung gegenüber sich selbst, den eigenen Körper und die Umwelt einnehmen. Der Meditierende lernt, bewusst und aufmerksam im Hier und Jetzt zu sein. Gleichzeitig schafft die Meditationspraxis eine gewisse Distanz zu den eigenen Emotionen und Empfindungen, auch zu körperlichem Spüren und zu Schmerzerfahrung. Das Erlernen dieser Technik hatte für Patienten mit chronischen Schmerzen nicht nur während der Intervention einen messbaren Effekt, sondern noch bis zu vier Jahre danach.[165] Auch Depression und Ängste scheint diese Methode zu lindern.[166] Der zugrunde liegende Mechanismus ist ein Zusammenspiel aus täglicher Übung der Aufmerksamkeitskontrolle, damit zusammenhängenden Veränderungen im Gehirn und der erlernten neuen Perspektive, nämlich der Fähigkeit, sich von den eigenen Emotionen und Empfindungen distanzieren zu können.[167]

Neubewertung

Stressfaktoren lassen sich neu bewerten. Ähnlich wie das Anpassen von Erwartungen nutzt auch dieser Ansatz die Strategie, Stressfaktoren als Chancen oder Herausforderungen zu interpretieren. Dies ist sicherlich nicht immer möglich, und wenn nicht, ist es wichtig, den Stressfaktor als gegeben zu akzeptieren. Doch wenn es sich um ein weniger schwerwiegendes Ereignis handelt, kann die Einstellung zum Stress sogar dazu beitragen, wie gut wir Herausforderungen meistern. Genau dies konnte eine Studie mit Mathematikstudenten zeigen.[168] Hier las eine Gruppe der Studenten Texte, die die Stressreaktion des Körpers erklärten und Symptome wie Herzrasen oder erhöhte Atemfrequenz in Zusammenhang mit ihrer Funktion als sinnvoll, als *adaptiv*, beschrieben. Der Fokus lag darauf zu vermitteln, dass die Stressreaktionen des Körpers dazu beitragen, die Leistung zu erhöhen. Die Vergleichsgruppe las hingegen einen Text, in dem geraten wurde, Stress und Stresssymptome zu ignorieren, um in einer Prüfung bessere Leistungen zu erbringen. Studenten der ersten Gruppe verbesserten ihre Leistungen in einer Prüfung nach der Neubewertung von Stress. Dies war nicht der Fall für die Vergleichsgruppe. Dieser Effekt ist nicht nur an Prüfungsleistungen messbar, sondern auch anhand von physiologischen Maßen: Wer die Einstellung vertritt, dass die Stressreaktion ein sinnvoller körperlicher Vorgang ist, hat eine verbesserte Stressreaktion des Herzkreislaufsystems[169] und eine erhöhte Ausschüttung von DHEA,[170] einem Hormon, das den Muskelaufbau fördert, Entzündungen hemmt und antidepressiv wirkt.

Nicht nur die allgemeine Einstellung gegenüber Stress, sondern auch vergangene Erfahrungen lassen sich neu bewerten. Wenn wir Krisen, die wir bereits durchlebt haben, reflektieren, haben wir die Möglichkeit zu erkennen, was wir bereits bewältigt haben, und stärken so unser Selbstvertrauen. Gleichzeitig gibt uns dies eine Chance, bisherige maladaptive Verhaltensweisen zu identifizieren. Wie eine solche Neubewertung abläuft, unterscheidet sich individuell und je nach Erfahrung, weshalb es hier nicht genauer beschrieben werden kann. Ein weiteres Ziel einer Neubewertung kann darin liegen, sich seiner Vergangenheit nicht ausgeliefert, sich nicht in der Opferrolle zu fühlen. Möglicherweise lassen sich unliebsame Kindheitserinnerungen neu bewerten, nachdem man die eigenen Eltern nach deren Wahrnehmung der Situation befragt. Diese Strategie gilt auf keinen Fall für alle negativen Erlebnisse und sollte nicht im Zusammenhang mit Gewalterfahrungen oder sexuellem Missbrauch angewandt werden. Im Fall solcher schwertraumatischen Erfahrungen empfiehlt sich die Bearbeitung gemeinsam mit einem Therapeuten.

Involviertheit (Commitment)

Zahlreiche Studien konnten zeigen, dass involviert zu sein (englisch: *commitment*) die Zufriedenheit, die Gesundheit und auch die Resilienz fördert. Involviert zu sein ist genau das Gegenteil von Distanz. Insofern scheint diese Übung auf den ersten Blick dem in der Achtsamkeitsmeditation praktizierten Abstand zu widersprechen. Wir werden im Weiteren sehen, warum das nicht der Fall ist. Bei der Achtsamkeitsmeditation geht es darum, die Distanz von den Gefühlen überhaupt erst zu erlernen. Die Erfahrung, negativen Emotionen oder Schmerzen nicht «ausgeliefert» zu sein, sondern sich aktiv davon distanzieren zu können, kann befreiend sein und ein neues Gefühl von Autonomie vermitteln, gerade für Schwerkranke. Involviertheit bedeutet nun nicht verstärkte Selbstaufmerksamkeit, sich vermehrt auf die eigenen Gefühle zu konzentrieren und in das eigene Seelenleben involviert zu sein. Vielmehr bedeutet Involviertheit, sich auf andere Menschen, auf Ereignisse und auf neue Situationen einzulassen, anstatt isoliert, distanziert und entfremdet zu sein. Genau diese Form des *Commitments*, der Involviertheit wurde bereits in der *Hardiness*-Forschung beschrieben.[171] Das Gefühl, einen Sinn in seinem Leben zu haben, gilt als einer der wichtigsten Faktoren für «erfolgreiches», also gesundes und glückliches Altern[172] – und die Empfindung, dass die eigene Existenz sinnvoll ist, geht Hand in Hand mit Involviertheit. Wer sich sozial engagiert oder sich für einen bestimmten Zweck, beispielsweise den Naturschutz, einsetzt, ist ebenso involviert wie jemand, der sich liebevoll und mit ganzem Herzen seinen Kindern oder Enkelkindern widmet. Involviertheit setzt die in der Achtsamkeitsmeditation praktizierte Fähigkeit voraus, in einer gegebenen Situation wirklich präsent zu sein, nicht nur physisch anwesend, sondern mental im Hier und Jetzt. Wer diese Fähigkeit lernt, kann seine Aufmerksamkeit und seine Gedanken kontrollieren und dauerhafter Grübelei und Selbstaufmerksamkeit entkommen. So schaffen Involviertheit und Präsenz auch die Möglichkeit einer Stress-Pause, ob es sich beim Stressauslöser nun um Bevorstehendes oder um Erinnerungen an negative Erlebnisse handelt.

Herausforderungen annehmen

Wer stärker werden möchte, hebt Gewichte. Wer eine bessere Ausdauer haben möchte, trainiert Langstreckenlauf. Ebenso können wir unsere Stressreaktion trainieren. Dies habe ich bereits in Bezug auf körperliche Fitness beschrieben. Doch auch unsere mentale Stärke lässt sich trainieren. Wer sich regelmäßig herausfordert, sich neuen Erfahrungen und Aufgaben stellt, trainiert seine Resilienz – und ist infolgedessen besser vorbereitet auf zukünftigen Stress oder Schicksalsschläge. Auch hier kommt es wieder auf die Einstellung an: Wenn wir neue Erfahrungen als eine Möglichkeit sehen, zu lernen, zu wachsen und uns zu entwickeln, werden wir auch negativen Erlebnissen eine positivere Note geben können. Diese Einstellung gehört zu den Eigenschaften, die *Hardiness* ausmachen. Wir sollten uns also offenhalten für neue Herausforderungen im Alltag und sie annehmen, wenn sie kommen. Dies fördert auch das Gefühl von Autonomie: Wer Herausforderungen annimmt und «etwas daraus macht», sieht sich selbst als einen aktiven Spieler, nicht als passiven Spielball des Schicksals. Zu einer solchen aktiven Reaktion gehört auch, dass wir lösungsorientiert agieren, statt in eine Vermeidungshaltung zu gehen.

Wer noch proaktiver sein möchte, kann sich selbst herausfordern, anstatt auf eine Herausforderung von außen zu warten. Ob es sich um das Ausprobieren eines unbekannten Gerichtes, eines anderen Nachhausewegs, einer neuen Sportart oder gar um einen Fallschirmsprung handelt, ist gleichgültig. Wie weit man sich über die Grenzen der eigenen Komfortzone hinauswagen möchte, das sei jedem selbst überlassen. Entscheidend ist, dass der Wille, neue Erfahrungen zu machen, größer ist als die Angst vor Unsicherheiten und möglichen Problemen. Ebenfalls wichtig ist jedoch, sich nicht zu überfordern und der Psyche Zeit zur Verarbeitung der neuen Erlebnisse zu lassen. Auch hier gilt der Vergleich mit dem sportlichen Training: Zwischen anregenden Zeiten, die durch positiven Stress unsere Resilienz trainieren, sollten wir immer Pausen einlegen und uns Phasen der Ruhe und Erholung gönnen.

Frustrationstoleranz

In einer Lebenswelt, in der die alltäglichen Bedürfnisse problemlos gedeckt werden können, lernen wir nicht mehr, mit Frustrationen umzugehen. Unser Lebensstandard ermöglicht es, dass wir uns die meiste Zeit körperlich wohlfühlen: Wir können sofort essen und trinken, wenn wir Hunger und Durst verspüren, wir können die Temperatur in unseren Wohnräumen auf das Grad genau regulieren, und wir schlafen auf bequemen Matratzen mit rückenschonenden Kissen. Das ist wunderbar – doch es führt auch dazu, dass wir verlernt haben, mit dem Unangenehmen umzugehen. Auch hier handelt es sich wieder um eine Frage des Übens: Wenn wir uns nicht den kleinen Schwierigkeiten im Leben aussetzen, nehmen wir uns die Möglichkeit, für die großen Widrigkeiten zu trainieren. Die eigene Frustrationstoleranz lässt sich stärken, indem man sich in schwierigen Situationen vor Augen führt, was man bereits in der Vergangenheit ausgehalten hat. Wir können auch versuchen, frustrierende Situationen als solche zu erkennen, etwa wenn der Zug Verspätung hat und wir nicht nur länger warten müssen, sondern womöglich auch noch den Anschluss verpassen. Meistens reagieren wir genervt und greifen dann zu technisch vermittelten Ablenkungsmöglichkeiten. Eine solche Situation lässt sich aber auch zu einer kleinen Übung umfunktionieren: indem wir die Situation zuerst bewusst als das wahrnehmen und benennen, was sie ist, nämlich frustrierend und unangenehm, und sie dann bewusst durchleben. Wir können dann versuchen, Ärger und Gereiztheit herunterzuregulieren, das Gegebene zu akzeptieren (siehe nächster Punkt) und das Unangenehme auszuhalten.

Der Schritt, den wir meistens gehen, nämlich aus einer solchen misslichen Situation das Beste zu machen, sich vielleicht einen Kaffee und ein Stück Kuchen zu gönnen, ist zwar eine gute Idee – doch verfehlt er das Ziel dieser Übung, das darin liegt, etwas Unangenehmes bewusst, man könnte wohl sagen *stoisch*, auszuhalten, und zwar ohne es sich durch die überall verfügbaren Wohltaten, die unsere Lebenswelt zu bieten hat, wortwörtlich zu versüßen.

Autonomie, Kontrolle und Akzeptanz

Resilienz hängt eng mit der Balance zwischen Kontrolle und Akzeptanz zusammen. Wie wir bereits gesehen haben, trägt das Gefühl der Autonomie und der Handlungsfähigkeit stark zur Resilienz bei. Es ist wichtig, nicht passiv zu bleiben, Widrigkeiten nicht einfach hinzunehmen, sondern Einsatz zu zeigen. Wer spürt, dass er oder sie die Entwicklungen im eigenen Leben beeinflussen kann, fühlt sich unabhängig, hat ein größeres Selbstvertrauen und reagiert daher resilienter auf negative Ereignisse. Doch ebenso wichtig ist die Akzeptanz, dass wir nicht alles ändern und kontrollieren können. Diese beiden Überzeugungen widersprechen sich in gewissen Maßen, und es ist nicht einfach, ein Gleichgewicht zwischen den beiden zu etablieren. Weder Kontrollsucht noch passives Aushalten machen uns psychisch widerstandsfähig.

Die folgende Überlegung kann dabei helfen: Wie bereits die *Hardiness*-Forscher Maddi und Kobasa sowie Antonovsky in seiner Untersuchung mit ehemaligen KZ-Gefangenen zeigen konnten, sind wir psychisch widerstandsfähiger, wenn wir das Gefühl haben, das eigene Schicksal steuern zu können, und uns ihm nicht ausgeliefert fühlen. Doch in dem Schicksalsbegriff schwingt bereits der Gedanke mit, dass wir eben nicht alles kontrollieren und steuern können. Das Schicksal, das ist das, was uns an äußeren Umständen gegeben ist, was uns widerfährt. Wie wir darauf reagieren, das ist dagegen, was wir kontrollieren können. Also keine Kontrolle der äußeren Umstände, sondern das Bewusstsein dessen, dass wir es in der Hand haben, wie wir emotional und kognitiv mit der gegebenen Situation umgehen. So können wir ein Gefühl von Autonomie auch in Situationen erreichen, in denen unsere Handlungsfähigkeit durch äußere Umstände stark beschränkt ist. Erwähnt sei auch, dass einige Studien darauf hindeuten, dass Spiritualität und der Glaube an höhere, lenkende Mächte und Kräfte zur Resilienzfähigkeit beitragen. Wer sich nicht als Spielball des Zufalls sieht, sondern daran glaubt, dass höhere Kräfte dieses Schicksal steuern und dabei unser Wohlergehen im Sinn haben, dem fällt es leichter, Schicksalsschläge hinzunehmen.

Kreativität

Menschen, die es schwer hatten, die alle Höhen und Tiefen durchlebt haben, gelten als besonders kreativ. Dies mag man so deuten, dass komplexe Erfahrungen im Leben Kreativität fördern – es kann auch ein Anzeichen dafür sein, dass Kreativität eine Art und Weise ist, mit diesen Höhen und Tiefen umzugehen und diese zu verarbeiten. Insofern unterscheidet sich Kreativität von allen bisher diskutierten Maßnahmen zur Stärkung von Resilienz. Sie wirkt nicht präventiv, sondern heilend, wenn ein Trauma bereits eingetreten ist. Doch auch hier lassen sich präventive Grundlagen schaffen: Wer bereits erlernt hat, etwa ein Musikinstrument zu spielen, zu malen oder zu tanzen, der kann diese Ausdrucksformen im Fall eines Traumas oder in einer schwierigen Lebensphase kreativ einsetzen. Viele Studien konnten zeigen, dass kreative Aktivitäten Menschen helfen, die ein Trauma durchlebt haben.[173] Besonders Kunst in Form von Malerei, Töpferei oder Bildhauerei ist unkompliziert einsetzbar und wird daher häufig genutzt.[174]

Der Zusammenhang von Kreativität und Resilienz ist vielschichtig. Kreativität beruht auf Eigenschaften, die auch für eine resiliente Reaktion auf Stress oder negative Erlebnisse nützlich sind: Flexibilität, Anpassungsvermögen, Spontaneität und Originalität. Hinzu kommt, dass Kreativität oft mit sozialer Interaktion einhergeht. Selbst wenn man nur zu Hause allein vor einer Leinwand sitzt, so kann man über ein solches gemeinsames Interesse neue Freunde finden.

Doch scheint der kreative Ausdruck auch eine inhärente Qualität zu besitzen, die mit Resilienz zusammenhängt. Indem ich etwas erschaffe, produziere ich nicht nur etwas Neues oder verändere bereits Existierendes, ich bin auch selbstständig aktiv und treffe autonome Entscheidungen. Das Erleben von Autonomie stärkt den resilienten Umgang mit den eigenen Gefühlen, indem es uns ein Gefühl von Kontrolle vermittelt. Hinzu kommt, dass man im kreativen Arbeiten die Möglichkeit hat, Gefühle, die einem buchstäblich zu schaffen machen, zu externalisieren. Wenn uns etwas belastet, hilft es, dieses Erlebnis und die damit verbundene subjektive Erfahrung auszudrücken und auf diese Weise sozusagen «loszuwerden». Dies geschieht oft im Gespräch mit Vertrauten oder in der Therapie, doch manchmal lassen sich Erlebnisse und Gefühle nicht, oder zumindest nicht ausreichend, in Worte fassen. Indem Betroffene ihr Leiden im kreativen Werk externalisieren, wird es ihnen möglich, Distanz zu ihrem Erleben aufzubauen. Oft ermöglicht erst diese Distanz die tatsächliche Bearbeitung des Traumas, etwa wenn ein Kunstwerk das Sprechen mit dem Therapeuten über Aspekte des Traumas erleichtert. Das geschaffene Werk gibt dem Betroffenen die Möglichkeit, das Externalisierte wortwörtlich zu bearbeiten, zu kontrollieren und im kreativen Prozess auch zu verändern.

Kreativität kann einem Betroffenen neue Formen des Ausdrucks ermöglichen und so Unaussprechbares für andere zugänglich machen. Kreative Aktivitäten, sei es Tanz oder Malerei, verlangen meist, dass man sich voll und ganz auf diese Aktivität konzentriert – sie schaffen einen Raum und eine Zeit, in denen man im Hier und Jetzt sein kann, eine Pause von Sorgen, Ängsten oder schlechten Erinnerungen. Einem traumatisierten oder depressiven Menschen erlauben sie etwa, sich einer selbstbestimmten Aktivität zu widmen – was sehr befreiend sein kann, wenn man sich ansonsten nur von einer Notwendigkeit zur nächsten durchkämpft.

Resilienz in Kindheit und Jugend fördern

Bevor ich darauf eingehe, wie die psychische Widerstandskraft in Kindheit und Jugend gestärkt werden kann, möchte ich eine vor allem für Eltern und Bezugspersonen von Kleinkindern wichtige Anmerkung machen: Kinder von jeglichem Stress und allen negativen Erfahrungen fernzuhalten kann nicht richtig sein. Wie bereits beschrieben, muss ein Kind die Möglichkeit haben zu lernen, mit negativen Erlebnissen umzugehen. Oder um es biologischer zu formulieren: seine HPA-Achse zu trainieren. Resilienz kann mit dem Immunsystem verglichen werden: Kommt der Körper nie in Kontakt mit Krankheitserregern, kann das Immunsystem nicht lernen, wie es auf die verschiedenen Viren und Bakterien reagieren soll. Genauso wie Impfungen dem Immunsystem in einer Art Trockenübung die unschädlich gemachten Krankheitserreger präsentieren und genauso wie Kindergartenkinder ihr Immunsystem (und das ihrer Eltern) durch ständige Erkältungen trainieren, sollte die Kindheit auch eine Zeit sein, in der das Kind seine emotionale Widerstandsfähigkeit üben kann,[175] und zwar im Kleinen, in einer ungefährlichen, aber doch fordernden Umgebung. Auch wenn wir nicht wissen können, welche Menge Stress die optimale Menge ist, haben die meisten Eltern ein gutes Gespür dafür, wie sie ihr Kind herausfordern können, ohne es zu überfordern.

Gerade hier können die Eltern eine entscheidende Rolle übernehmen, nämlich die der Unterstützung und der sicheren Basis. Wie wir bereits gesehen haben, ist es für Kinder wichtig, eine sichere Bindung zu haben. Weiterhin benötigen Kinder ein vorhersagbares, ein stabiles Umfeld. Vorhersagbar bedeutet in diesem Zusammenhang nicht, dass jeder Tag dem anderen gleichen muss. Auch turbulente Familienverhältnisse, beispielsweise wenn die Familie viel reist, können Stabilität vermitteln: durch Rituale, die von den äußeren Umständen unabhängig sind, wie die Gute-Nacht-Geschichte vor dem Einschlafen, und durch Verlässlichkeit in den Verhaltensweisen der Erwachsenen. So ist es wichtiger, dass ein Kind weiß, wie die Eltern in einer bestimmten Situation reagieren, als dass es weiß, dass es jeden Tag zu genau der gleichen Uhrzeit Abendessen gibt. Die beste Art und Weise, wie Eltern die sichere Bindung ihres Kindes fördern können, besteht darin, ihrem Kind mit Rat und Tat und, wenn nötig, mit Trost zur Seite zu stehen. Eine sichere Bindung, Stabilität und Verlässlichkeit schaffen den Rahmen, in dem das Kind erkunden, ausprobieren und sich selbst herausfordern kann. Dass Kinder den Drang dazu haben, ist den meisten Eltern sicherlich bekannt. Wir sollten sie nicht oder nur wenig bremsen, ausschließlich dann, wenn es wirklich nötig ist. Es geht also bei der Förderung von Resilienz nicht darum, das Kind vor allem Negativen zu beschützen, sondern schon früh die Entwicklung von psychologisch und biologisch effektiven Coping-Strategien zu unterstützen.

Prävention in der Schwangerschaft

Bereits während der Schwangerschaft und in der frühen Baby- und Kleinkindphase lässt sich die Resilienz stärken. Wie wir gesehen haben, beeinflusst der erlebte Stress der Mutter während der Schwangerschaft die Entwicklung des Stresssystems des Babys. Hier bieten sich Programme an, die Entspannung und Ausgeglichenheit während der Schwangerschaft fördern, beispielsweise Yoga, Achtsamkeit oder autogenes Training. Doch es ist schwer, damit diejenigen zu erreichen, für die solche Kurse am wichtigsten wären. Welche Schwangere hat schon Zeit für einen Schwangerschaftsyoga-Kurs, wenn sie sich um weitere Kinder kümmern muss, alleinerziehend ist und womöglich mehrere Jobs gleichzeitig hat. Während es inzwischen einige Programme gibt, die sich um junge Familien in schwierigen Verhältnissen kümmern, sind Schwangere noch größtenteils auf sich gestellt. Finanzielle Hilfen lassen sich vom Staat beantragen, doch die soziale und emotionale Unterstützung, die in dieser Lebensphase nötig wäre, ist leider oft schwer zu finden. Beratungsstellen werden von Bedürftigen nicht unbedingt in Anspruch genommen. Dass jedoch solche Hilfen für sozioökonomisch schwache Schwangere dringend nötig wären, zeigt die Forschung schon lange. Sozioökonomisch schwache Schwangere sind mehr Stresselementen und mehr Umweltgiften ausgesetzt, sind einsamer und haben weniger Ressourcen, um mit ihren Belastungen umzugehen.[176] All diese Faktoren beeinflussen die Entwicklung des Kindes schon vor der Geburt. Bereits hier droht die staatliche Sozialfürsorge zu scheitern, indem sie nicht in der Lage ist, soziale Missverhältnisse auszugleichen. Zwar können spätere Maßnahmen einen positiven Einfluss auf die Resilienz eines Kindes aus schwierigen Verhältnissen haben. Wichtig wäre es jedoch, in dieser so sensiblen Phase bereits die Weichen zu stellen, damit das Kind sich normal und gesund entwickelt.[177] Dabei ist schon lange bekannt, dass soziale Unterstützung durch frühe Hausbesuche sich positiv auf die langfristige Entwicklung des Kindes auswirken. Eine Langzeitstudie, die in den 1970er Jahren begann, konnte einen Effekt auf die Kinder bis ins jugendliche Alter nachweisen. Jugendliche, deren

Mütter während der Schwangerschaft Unterstützung in Form von Hausbesuchen erhalten hatten, liefen seltener von zu Hause weg, wurden seltener festgenommen, wurden seltener verurteilt, zeigten weniger risikoreiches Verhalten in Form von Drogenkonsum oder zahlreichen Sexualkontakten.[178] Die emotionale und soziale Unterstützung von Schwangeren in schwierigen Verhältnissen ist ein weiterer Bereich, in dem Gemeinschaft und Gesellschaft gefragt sind. Die individuell Betroffene kann an ihrer eigenen Situation wenig ändern und sollte hierfür auch nicht zur Verantwortung gezogen werden. Dies würde schlimmstenfalls in zusätzlichem emotionalem Stress aufgrund von Schuldgefühlen münden.

Für Frühchen, die notwendigerweise vielen medizinischen Eingriffen ausgesetzt sind, gibt es einige gute Ideen, wie den negativen Konsequenzen der vielen Stressoren entgegengewirkt werden kann: Taktile Stimulation, beispielsweise durch Massagen, hat einen positiven Effekt, der sich auch noch nach zehn Jahren nachweisen lässt. Für Babys, die nicht mehr die gesamte Zeit in ihrem Bett verbringen müssen, empfiehlt sich *Kangaroo care*, also das Baby so viel wie möglich am Körper zu tragen. Dies können sowohl Eltern als auch Pflegepersonal übernehmen. Eine weitere Intervention ist das Vorspielen von Musik. Auf der Intensivstation sind die Babys starkem Lärm ausgesetzt, großenteils maschinellen, nichtbiologischen Geräuschen. Forscher haben gezeigt, dass das Vorspielen spezieller Musik zu einer Normalisierung der Gehirnentwicklung bei Frühchen beitragen kann.[179]

Kindheit

Nach der Geburt lässt sich möglichen negativen Konsequenzen, die durch Stress während der Schwangerschaft entstanden sind, am ehesten durch intensive Fürsorge entgegenwirken. Natürlich profitieren alle Babys davon, auch die von völlig entspannten Müttern. Viel Nähe und Körperkontakt, das Tragen am Körper und Babymassage haben nachweisbar positive Effekte auf die kognitive Entwicklung und die Anpassungsfähigkeit eines Babys.[180, 181] Wer seinem Kind ein gutes Vertrauensverhältnis vermittelt, legt wichtige Grundsteine für spätere Resilienz. Dazu gehört, das Baby niemals schreien zu lassen. Wer auf das Weinen oder am besten schon auf Kontaktgeräusche, bevor es überhaupt zum Weinen kommt, reagiert, vermittelt dem Kind das Gefühl, seiner Situation nicht hilflos ausgeliefert zu sein, sondern sich aus einer unangenehmen oder stressigen Situation durch eigene Handlungen befreien zu können. Die Parallelen zur erlernten Hilflosigkeit habe ich bereits erläutert.

Dieses Wissen lässt sich in Eltern-Kursen für junge, benachteiligte Familien vermitteln. Studien legen nahe, dass solche Programme erfolgreicher sind als finanzielle Unterstützung. Mütter, die an Kursen über Erziehung und Umgang mit dem Neugeborenen teilgenommen hatten, waren weniger depressiv und ängstlich, dafür selbstsicherer im Umgang mit ihrem Kind.[182]

Die Effekte, die Störungen im Elternhaus haben, sind umfangreich – und langanhaltend. So konnte gezeigt werden, dass Kinder von Müttern, die im ersten Jahr nach der Geburt unter einer Depression litten, noch zehn Jahre später Verhaltensauffälligkeiten im Vergleich zu einer Kontrollgruppe zeigten.[183] Immerhin 15 Prozent der Mütter in den Industrienationen sind von Depression im Zeitraum von Schwangerschaft und nach der Geburt betroffen. Selbst in sozioökonomisch starken Familien, in denen beide Eltern präsent sind, erhöht eine Depression der Mutter das Risiko des Kindes, Verhaltensauffälligkeiten bis hin zu psychiatrischen Störungen zu entwickeln. Hier bieten sich Möglichkeiten zur Einflussnahme. So können andere Bezugspersonen, allen voran der Vater, aber auch Großeltern oder andere Erwachsene, die Resilienz des Kindes stärken und zu einer positiven Entwicklung des Kindes beitragen.[184]

Natürlich gelten die oben genannten körperlichen Grundlagen auch – oder ganz besonders – für Kinder: Das sich entwickelnde Gehirn profitiert von gesunder Ernährung, Bewegung und ausreichend Schlaf. Hinzu kommt, dass Kinder die Möglichkeit haben müssen, ihre Umwelt mit allen Sinnen zu erleben, um ihre Fähigkeiten voll ausbilden zu können. Bildschirme bieten ausschließlich visuelle und auditorische Stimulation. Für

Babys und Kleinkinder eignen sie sich schon allein deshalb nicht. Studien legen nahe, dass Kinder die in sogenannten Lernprogrammen erworbenen Fähigkeiten nicht auf die reale Welt übertragen können.[185] Zudem konnten Forscher zeigen, dass Kinder, die mehr als zwei Stunden pro Tag vor einem Bildschirm verbringen, schlechtere Resultate in kognitiven Aufgaben und in Sprachtests erzielen. Die Weltgesundheitsorganisation empfiehlt in neuen Richtlinien, dass Kinder unter zwei Jahren gar keine Zeit vor einem Bildschirm verbringen und nicht länger als eine Stunde am Stück stillsitzen sollten.[186] Sie empfiehlt außerdem, die Zeit, die ein Kind sitzend verbringt, für Interaktion mit Betreuungspersonen, zum Beispiel für Vorlesen oder Geschichtenerzählen zu nutzen. In der direkten sozialen Interaktion kann ein Kind am besten seine sprachlichen Fähigkeiten üben, die für den resilienten Umgang mit Stress unabdingbar sind.

Emotionsregulation

Nicht nur die Eltern, sondern natürlich auch die Kinder sollten die Möglichkeit haben, durch spezielle Angebote gestärkt zu werden. Kinder, die in der Lage sind, ihre Emotionen selbst zu regulieren, sind unabhängiger von der Stimmung der Mutter und somit resilienter im Fall einer Depression ihrer Mutter.[187] Diese Fähigkeit kann teilweise angeboren sein, teilweise wird sie in früher Kindheit erlernt. Doch auch Schulkinder – und Erwachsene – können üben, ihre Emotionen besser zu regulieren. Regulieren bedeutet nicht «unterdrücken»; es bedeutet, ein Gefühl zu erkennen, womöglich notwendige Konsequenzen zu ziehen, sich beispielsweise aus einer unangenehmen Situation zu entfernen oder sich die Ruhe zu gönnen, die man benötigt, um sich anschließend selbstständig beruhigen zu können, die Emotion also wieder «herunterzufahren». Bezugspersonen können Kindern beim Erlernen von Emotionsregulation helfen: indem sie ein Vorbild sind und über die eigenen Gefühle und Reaktionen sprechen, und indem sie dem Kind helfen, seine Gefühle zu erkennen, einzuordnen und sich selbst zu beruhigen. Letzteres bedeutet nicht, das Kind so lange weinen zu lassen, bis es von selbst wieder aufhört – vielmehr bedeutet es, da zu sein, zu trösten und zu beruhigen! Das klingt nach Unselbstständigkeit – doch ein Kind muss ja erst erlernen, wie das überhaupt funktioniert: sich zu beruhigen. Das geschieht am besten gemeinsam und in der Interaktion mit einem liebevollen, verständnisvollen Erwachsenen.

Auch Betreuungseinrichtungen haben die Möglichkeit, Emotionsregulation mit den Kindern zu üben. Natürlich zählt hierzu, auf ein weinendes Kind liebevoll und aufmerksam einzugehen. Etwas breiter angelegt sind Versuche, Meditation und Achtsamkeit mit den Kindern zu praktizieren. Diese scheinen erfolgreich zu sein: Bereits zehn Stunden eines solchen Achtsamkeitstrainings kann die soziale Kompetenz bei Kindergartenkindern stärken.[188] Ebenso fördern Yoga und Achtsamkeitsübungen Resilienz im Grundschulalter.[189]

Wie bereits beschrieben, können bestimmte Fähigkeiten Kindern bei der Emotionsregulation helfen. An erster Stelle die Fähigkeit, sich sprachlich auszudrücken. Auch hier können und sollten Betreuungsinstitutionen fördern und eingreifen, um die Sprachentwicklung eines Kindes zu unterstützen. Ich habe auch darauf hingewiesen, dass Kinder aus sozioökonomisch benachteiligten Verhältnissen seltener an Sport- und Musikkursen, Ausflügen und kulturellen Events teilnehmen. In manchen Bundesländern hat die Politik hier schon reagiert und bietet finanzielle Unterstützung für die Teilnahme an solchen Kursen an. Doch vermutlich ist es durch einen Sportkursgutschein allein nicht getan; das Kind muss schließlich auch hingebracht und abgeholt, womöglich sogar beim Kurs betreut werden. Hier kann das familiäre Umfeld vielleicht unterstützend eingreifen. Es existieren auch Programme, in denen Mentor- oder Partnerschaften für Kinder aus schwierigen Verhältnissen übernommen werden können. Besonders vielversprechend scheinen mir generationsübergreifende Programme («Oma und Opa mieten») zu sein, bei denen ältere Menschen eine Großeltern-ähnliche Rolle übernehmen. Sie können soziale Unterstützung anbieten und dem Kind die Teilnahme an außerschulischen Aktivitäten ermöglichen, die nachweislich die Resilienzfähigkeit stärken.[190]

Naturerlebnis

Eine Studie fand heraus, dass Kinder, die im Grünen aufwachsen, ein um die Hälfte reduziertes Risiko haben, an einer psychischen Störung zu erkranken.[191] Hierbei muss es sich gar nicht um die romantisierte Bauernhofkindheit handeln – untersucht wurde lediglich die Menge an bewachsenen Flächen in der Nachbarschaft – Gärten, Parks und Spielplätze. Der Zusammenhang bestand selbst, nachdem die Daten für den sozioökonomischen Status und für psychische Erkrankungen der Eltern korrigiert wurden. Es handelte sich um ein sogenanntes Dosis-Wirkungs-Verhältnis: Je länger ein Kind in einer grünen Nachbarschaft gelebt hatte, desto geringer war das Risiko für eine psychiatrische Erkrankung. Was genau hinter diesem Zusammenhang steht, ist noch nicht klar. Doch es lässt sich vermuten, dass grüne Flächen in der Nachbarschaft dazu führen, dass Kinder eher draußen spielen, sich mehr bewegen und eher in Kontakt mit anderen Kindern kommen. Es ist bereits bekannt, dass draußen in der Natur zu sein unseren Stresslevel senkt[192] und sogar die Aktivität in einem Bereich im Gehirn herunterreguliert, der aktiv ist, wenn wir grübeln.[193] Die Möglichkeit, in der Natur zu sein, hat einen Puffereffekt gegen die negativen Einflüsse von Stress auf das kindliche Gehirn.[194] Hinzu kommt, dass das Kind beim Spielen in der Natur oft direkter mit den eigenen Grenzen und mit konkreteren Erfahrungen konfrontiert ist als bei strukturierten Aktivitäten oder beim Spiel zu Hause. Dies stärkt viele Kompetenzen, die für die Resilienz wichtig sind: Unabhängigkeit, Emotionsregulation, soziale Fähigkeiten im Austausch mit anderen Kindern und das Selbstbewusstsein. Hier bietet sich eine Möglichkeit, Resilienz von Kindern durch einen ganz anderen, nichtfamiliären Ansatz zu fördern: durch eine Stadt- und Wohnraumplanung, die grün bewachsene Flächen stehen – oder entstehen – lässt.

Verantwortung

Verantwortung für eine bestimmte Aufgabe im sozialen Umfeld zu tragen stärkt die Resilienz von Kindern und Jugendlichen. Die Erziehungsexpertin Anna Wahlgren argumentiert, dass wir

Menschen schon von klein auf das Bedürfnis haben, zu unserer «Herde» dazuzugehören und von ihr gebraucht zu werden.[195] Sie schlägt vor, dass Eltern einem kleinen Kind nicht nur die Mithilfe *erlauben*, also gleichsam gönnerhaft das Kind «auch mal probieren lassen», sondern dass sie dem Kind vielmehr das Gefühl geben, wirklich nützlich zu sein und gebraucht zu werden. Schon im Kleinkindalter kann ein Kind die Möglichkeit bekommen, Verantwortung für wichtige Aufgaben in der Familie zu übernehmen. Eine solch wichtige Aufgabe muss nicht schwer sein, entscheidend ist, dass es sich um eine Aufgabe handelt, die für die Familie wichtig ist. Besonders gut eignet sich beispielsweise die Mithilfe bei der gemeinsamen Essensvorbereitung. Ein kleines Kind kann beim Gemüseschneiden helfen, beim Salatwaschen oder beim Umrühren. Das Gefühl, gebraucht zu werden und einen für die soziale Gemeinschaft nützlichen Beitrag zu leisten, stärkt das Selbstwertgefühl. Ein Kind kann so die Erfahrung machen, dass es nicht nur einfach in der Familie mitläuft oder gar den Eltern ein Hindernis oder eine Belastung ist, sondern dass es wichtig ist, dass es aktiv zum Überleben der Familie beitragen kann. Dies mag aus Erwachsenenperspektive übertrieben klingen, macht jedoch Sinn, wenn wir die Entwicklung eines Kindes evolutionsbiologisch betrachten. Unsere Vorfahren lebten in engen sozialen Gemeinschaften, in denen jeder wichtige Aufgaben für das gemeinsame Überleben übernahm. Die Herde war wichtig für das Überleben des Einzelnen – und ebenso war der Einzelne wichtig für die Herde. Dass wir von klein auf versuchen, die wichtigsten Tätigkeiten zu erlernen, die in unserer Herde notwendig sind, sieht man daran, wie Kinder im Spiel Erwachsene imitieren. Zur Sozialgemeinschaft zu gehören und zu ihr beizutragen ist ein tiefes, möglicherweise angeborenes Bedürfnis. Neben dem Gefühl von Selbstwert und Sinn vermittelt es dem Kind auch Sicherheit; denn wer in seiner Gemeinschaft gebraucht wird, dem wird in der Not auch geholfen. Nicht nur die Familie kann die Rolle der Sozialgemeinschaft übernehmen, auch in der Schule oder in einer Betreuungseinrichtung können Kindern Aufgaben, die für das Funktionieren der Gemeinschaft entscheidend sind, übertragen werden. In der

Schule übernehmen Kinder beispielsweise Aufgaben, die für den Unterricht oder das Klassenklima wichtig sind, oder sie können in verschiedenen Gremien mitentscheiden. Auch hier gilt: Erfolgreich ist ein solches Konzept dann, wenn die Aufgabe nicht lediglich die Zuschreibung einer Rolle ist, sondern dem Kind vermittelt wird, dass diese Aufgabe wichtig, geradezu unerlässlich ist für das Funktionieren der Gruppe. So lassen sich in Familien und Betreuungseinrichtungen das kindliche Selbstwert- und Zugehörigkeitsgefühl stärken, was wiederum die Resilienz eines Kindes erhöht.

Riskantes Spiel

Wie wir gesehen haben, war der leitende Gedanke bei dem Phänomen der Stress-Immunisierung nicht, die Kinder gezielt, womöglich in Übungen, zu stressen; vielmehr ihnen die Möglichkeit zu geben, unabhängig, ohne Anleitung und eindeutige Aufsicht Erfahrungen zu sammeln. Seit das Fernsehen und aktueller das Internet die Informationsdichte stark erhöht haben, schüren negative Schlagzeilen die Ängste der Eltern. Das ist verständlich, doch leider führt es dazu, dass Kinder immer behüteter aufwachsen und dadurch selbst ängstlicher werden. Dabei sind es Kleinigkeiten, die Kindern großes Selbstvertrauen geben können: allein zur Schule gehen, selbstständig etwas im Laden kaufen, unbeaufsichtigt im Garten spielen. Bei einer Schneeballschlacht können Kinder mehr oder zumindest etwas völlig anderes lernen als beim Eltern-Kind-Turnen in der Sporthalle, das unter Anleitung und mit weichen Schutzmatten stattfindet. Fällt ein Kind hier von der Kletterwand, spürt es keine Konsequenzen. Direktes Feedback und blaue Flecken beim Klettern im Garten zeigen dem Kind hingegen nicht nur: hier ist meine Grenze. Es lernt auch, mit negativen Erlebnissen umzugehen: mit der Frustration, etwas nicht zu schaffen, mit dem Schmerz und dem Gefühl von Peinlichkeit. Es wird auch lernen, dass es durch Üben besser wird – und zwar selbstständig, ohne Hilfe der Eltern. Die Forscher Ellen Sandseter und Leif Kennair argumentieren, dass Kinder ganz von allein kleine Risiken aufsuchen, sich also selbst herausfordern, und vergleichen dies mit einer natürlichen, einer angeborenen Expositionstherapie, die Ängste reduziert. Sie halten dies für eine evolutionsbiologische Veranlagung, mit der sich kleine Menschen auf das Leben vorbereiten. Tatsächlich gleichen sich die riskanten Spielarten der Kinder in vielen Kulturen und Gesellschaften: in die Höhe klettern, schnell schaukeln, Raufereien und die Faszination von gefährlichen Gegenständen wie Messern und Streichhölzern. Die Wissenschaftler schlussfolgern, «dass das riskante Spielverhalten aufgrund dieser antiphobischen Wirkung in der normalen Entwicklung des Kindes entstanden sein könnte, und es wird vermutet, dass in der Gesellschaft vermehrt Neurotizismus oder Psychopathologie entstehen wird, wenn Kinder daran gehindert werden, an altersgerechtem Risikospiel teilzunehmen».[196]

Jugend

In der Gruppe der Jugendlichen scheint die Vorhersage von Ellen Sandseter und Leif Kennair bereits eingetroffen zu sein. Untersuchungen zeigen, dass Jugendliche häufiger unter Depression und Angststörung leiden als noch die Generation vor ihnen.[197, 198] Besonders erschreckend ist, dass auch die Suizidraten innerhalb von zehn Jahren enorm gestiegen sind: um 17 Prozent bei Jungen und 46 Prozent bei Mädchen in Großbritannien,[199] um 34 Prozent und 82 Prozent in den USA.[200] Eine ähnliche Entwicklung ist auch im deutschsprachigen Raum zu beobachten.[201] Der Anstieg ist hier weniger dramatisch, doch auch in Deutschland sterben mehr Menschen durch Selbsttötung als durch Verkehrsunfälle[202] (hierbei sei allerdings anzumerken, dass die Suizidraten bei Menschen im mittleren und hohen Alter höher sind als bei Jugendlichen).

Der erhöhten Vulnerabilität gegenüber Stress im jugendlichen Alter sollte besondere Aufmerksamkeit geschenkt werden. Jugendliche werden häufig als *einfach bloß schwierig oder launisch* charakterisiert. Doch wie wir bereits gesehen haben, gibt es eine biologische Basis für die erhöhte Stresssensibilität der Jugendlichen – und allein schon aufgrund des sich noch in der Entwicklung befindlichen Gehirns sollte sie ernst genommen werden. Das jugendliche Gehirn ist hungrig nach neuen Erfahrungen,

Lernmöglichkeiten und Risiken – denn nur durch das Erreichen der eigenen Grenzen lernt man diese kennen. Aufgrund dessen ist die Jugend eine Zeit von hohem Potential, aber auch eine Phase hoher Vulnerabilität. Nichts verdeutlicht die Sensibilität dieser Lebensperiode besser als der Umstand, dass die Nervenzellen von Jugendlichen innerhalb einer Woche sage und schreibe 25 Prozent ihrer Verbindungen mit anderen Nervenzellen verändern, also neu schaffen oder abbauen können. Interaktionen mit anderen Jugendlichen, mit der *peer-group*, erhalten einen besonders hohen Stellenwert und sind somit Bereiche, in denen auch Interventionen stattfinden können. Doch auch die Eltern sind nach wie vor wichtige Bezugs- und oft auch Reibungspunkte. Die familiären Beziehungen werden zu einem Bereich, in dem die Jugendlichen verstärkt ihre Autonomie erfahren möchten – und auch sollen.

Weil das Gehirn in dieser Lebensphase auf Entwicklung und neue Erfahrungen ausgerichtet ist, zeigen Jugendliche mehr risikoreiches Verhalten – also nicht etwa, weil sie die Konsequenzen nicht verstehen, sondern weil dieses Verhalten zu ihrer Entwicklung beiträgt, weil ihnen die Spannung gefällt, was womöglich sogar biologisch so angelegt ist.[203] Um diesem Bedürfnis nachzukommen, sollten Jugendliche die Möglichkeit haben, positive Risiken einzugehen, beispielsweise im Sport (siehe unten), indem sie allein reisen und neue Freunde kennenlernen.

Besonders Kindern und Jugendlichen aus schwierigen Lebenssituationen ermöglichen Programme zur Resilienzförderung neue Perspektiven und Chancen. In dieser sensiblen Phase befinden sich die Jugendlichen in einem Spannungsfeld zwischen ihrem Elternhaus und den immer stärker werdenden Einflüssen ihres Umfeldes. Sie verbringen mehr Zeit in der Schule, und Freunde werden zum neuen Lebensmittelpunkt. Hinzu kommt der wesentlich schwerer überschaubare Bereich der sozialen Medien. Schulen und Nachmittagsbetreuung sind die Orte, an denen die Jugendlichen die meiste Zeit verbringen, an denen auch am ehesten Probleme erkannt werden und ihnen am besten vorgebeugt werden kann. In Deutschland konzentrieren sich die Schulen noch hauptsächlich auf den Bildungsauftrag; doch genau hier könnten Resilienzprogramme gerade jene Kinder und Jugendlichen erreichen, die davon am meisten profitieren. Die Möglichkeit, dass die Schule mehr als Bildung anbietet, kann natürlich auch kritisch gesehen werden; denn eine staatliche Institution sollte nicht zur Lifestyle-Beratung werden. Hinzu kommt die Problematik, dass sich die Bewertung der schulischen Leistung so mit der Mitwirkung oder eben Nichtmitwirkung an solchen zusätzlichen Angeboten vermischen kann. Trotzdem gibt es einige Gründe, die dafür sprechen, Kinder und Jugendliche im Rahmen der Schule zu erreichen und psychisch zu stärken. Es ist klar, dass mit solchen Gruppenangeboten keine schweren Traumata geheilt werden, doch bieten sie immerhin eine Plattform zur Prävention.

Soziale Medien und soziale Interaktion

Dass der Bedarf an solchen Angeboten steigt, zeigen Untersuchungen zum Einfluss von sozialen Medien auf die Psyche von Jugendlichen: Tatsächlich leiden Jugendliche, insbesondere Mädchen, häufig unter Depressionen, die mit ihrem Konsum von sozialen Medien in Zusammenhang gebracht werden können.[204] Soziale Medien stellen einen neuen Faktor dar, der die Psyche von Jugendlichen in einer bisher nicht bekannten Art und Weise beeinflusst. Während viele die Aufregung über soziale Medien als eine weitere Manifestation des klassischen Generationenkonflikts abtun, sehen Forscher in ihren Daten handfeste Veränderungen, die mit der Einführung des Smartphones zusammenhängen.[205] Jean Twenge, eine Professorin an der Universität von San Diego, die die Lebenswelt von Jugendlichen untersucht und deren Daten bis 1930 zurückgehen, berichtet von einem klaren Wendepunkt mit der Einführung des Smartphones.[206] Eine positive Entwicklung, die sie nennt, ist der Anstieg der Sicherheit der Jugendlichen. Der Grund dafür allerdings ist weniger positiv: Da die Jugendlichen weniger ausgehen, weniger allein unterwegs sind, begeben sie sich seltener in gefährliche Situationen. Sie sind zufrieden damit, von zu Hause aus in der virtuellen Welt unterwegs zu sein – im Durchschnitt neun Stunden täglich![207] Doch darunter leidet ihr psychisches

Wohlergehen. Jean Twenge stellt klar, dass natürlich auch viele andere Faktoren das Leben der Jugendlichen beeinflussen – doch sie ist sicher: Die digitale Welt leistet einen außerordentlich großen Beitrag und hat einen starken Einfluss. So sind beispielsweise Zwölftklässler im Jahr 2015 seltener ausgegangen als Achtklässler im Jahre 2008! Weiterhin berichtet die Psychologin, dass die Jugendlichen der Smartphone-Generation, die sie iGen getauft hat, seltener als die Generationen vorher Liebesbeziehungen eingehen, später Sex haben, seltener einen Nebenjob haben und später ihren Führerschein machen (der in den USA ja bereits mit 16 zu haben ist und daher lange als Symbol der Unabhängigkeit in den Teenager-Jahren galt).

Vor dem Hintergrund, dass das soziale Miteinander so wichtig für die Resilienz ist, ist es besorgniserregend, wie wenig Zeit Jugendliche inzwischen miteinander verbringen. Die Anzahl derer, die ihre Freunde fast täglich treffen, ist seit 1990 von über 50 auf 25 Prozent gesunken.[208] Zwar könnte man argumentieren, dass sie die Zeit mit den Freunden eben online verbringen – doch ist auch die Anzahl derjenigen gestiegen, die sich einsam fühlen: auf 30 bis 40 Prozent. Außerdem setzt das Argument, die Jugendlichen wären eben in anderer Weise mit ihren Freunden in Kontakt, die Annahme voraus, dass Online-Interaktionen genau dasselbe sind wie *face-to-face*-Interaktionen. Zumindest auf dem heutigen Stand der Technik kann das nicht stimmen, da die bildschirmbasierte Kommunikation lediglich die Wahrnehmungskanäle des Sehens und des Hörens nutzt. In der direkten Kommunikation mit anderen geschieht aber wesentlich mehr: Körperliche Nähe ist nicht nur wichtig für die Vermittlung von Emotionen,[209] sondern senkt auch das Stressempfinden, trägt zur emotionalen Bindung an den anderen Menschen bei und steigert das psychische Wohlergehen.[210] Häufig begegnet man dem Argument, dass auch frühere Generationen statt persönlicher Kommunikation bereits stundenlange Gespräche am Telefon geführt hätten, ohne davon Schaden zu nehmen. Doch hier war der Partner am anderen Ende der Leitung immerhin ein lebendiger, spontan reagierender Mensch und keine Software mit dem implantierten Vermögen, sich pausenlos an das Verhalten des Nutzers anzupassen und so das Abhängigkeitspotential immer mehr zu erhöhen.

Wenn von einer Krise der psychischen Gesundheit bei Jugendlichen gesprochen wird, so ist das mehr als eine Schlagzeile. Wo der Konsum von bildschirmbasierten, sozialen Medien negative Emotionen und sozioemotionale Schwierigkeit fördert, gibt es auch ein eindeutig wirkungsvolles Gegenmittel. Es besteht schlicht darin, die Zeit vor dem Bildschirm auf eine halbe bis maximal zwei Stunden täglich zu begrenzen[211] – und die gewonnene Freizeit für andere, real-soziale Aktivitäten zu nutzen, am besten Sport,[212] und noch besser: in Gruppen. Die Teilnahme an sportlicher Aktivität innerhalb eines Teams verringert das Risiko, an Depressionen und Ängsten zu erkranken. Das gilt sogar im Fall von Jugendlichen, die in ihrer Kindheit traumatische Erfahrungen gemacht haben.[213] Auf diese Weise werden Frustrationen und Aggressionen abgebaut, echte, das heißt nichtvirtuelle Gemeinschaften entstehen und das Stresssystem wird trainiert. Das jugendliche Gehirn ist hungrig. Es braucht ausreichende und allumfassende Stimulation, um sich gut entwickeln zu können. Dies bedeutet: Stimulation aller Sinnesmodalitäten, nicht bloß des Sehens und Hörens. Und dazu gehört auch, reales Feedback und echte Konsequenzen des eigenen Handelns zu erleben.

Interventionsprogramme

Es gibt viele Ansätze, Interventionen gegen die Störung der Psyche in den Schulalltag einzubringen. In Großbritannien werden an über 300 Schulen Achtsamkeit, Atem- und Entspannungstechniken unterrichtet, um Ängste und Depression zu reduzieren. Die positiven Effekte von Achtsamkeitsübungen lassen sich auch im Gehirn messen: Jugendliche, die achtsamer sind, zeigen dynamischere Verbindungen, welche mit weniger Ängsten zusammenhängen.[214] In einer Studie aus Schweden nahmen Schüler aus einer unterprivilegierten Nachbarschaft an einer Intervention teil, in der sie lernten, wie sie sich gesund ernähren können und welche positiven Effekte Bewegung hat.[215] Studien aus der ganzen Welt kommen zu dem gleichen Ergebnis, beispielsweise Arbeiten mit Jugendlichen in China[216] oder Litauen.[217] Dies ist wichtig, denn es legt nahe, dass dem Zusammenhang zwischen regelmäßiger Bewegung und Resilienz von Jugendlichen ein natürliches und universell vorhandenes Bedürfnis des Menschen nach Bewegung zugrunde liegt.

Um den besten Effekt zu erzielen, ist es wichtig, dass die Jugendlichen ihre sportlichen Aktivitäten selbst wählen können.[218] Davon profitiert dann nicht nur die Psyche: Sportliche Aktivität stärkt auch die kognitiven Fähigkeiten von Jugendlichen[219] und ihre Leistungen in der Schule.[220]

Diese Forschungsergebnisse legen nahe, dass es weniger wichtig ist, die Digitalisierung der Schulen voranzutreiben. Vielmehr muss es darum gehen, diesen Raum vor weiteren Bildschirmen zu schützen und ihn zu nutzen, um Kindern und Jugendlichen Strategien beizubringen, wie sie sich von sozialen Medien distanzieren können, wie sie besser und im realen Leben miteinander interagieren und wie sie angestaute Energien auf produktive statt destruktive Art abbauen können. Kurz gesagt sollten Schulen mehr Möglichkeiten für Sport und Bewegung schaffen, anstatt die Schüler länger vor Bildschirme zu setzen.

Da für Jugendliche die *peer-group* besonders wichtig ist und sie sich von den Erwachsenen oft unverstanden fühlen, setzen einige Interventionsprogramme auf eine *peer-to-peer*-Beratung oder zumindest auf junge Berater Anfang zwanzig, die altersmäßig und in Bezug auf die generationsspezifischen Erfahrungen den Jugendlichen stärker entsprechen. Von der Caritas existiert etwa ein Online-Portal zur Suizidprävention, bei der junge Erwachsene bis zum Alter von 25 Jahren ehrenamtlich als Berater tätig sind.[221] Viele derjenigen, die sich dort engagieren, haben selbst Krisen und traumatische Erlebnisse wie den frühen Verlust eines Elternteils erlebt. Das Ziel dieser Angebote ist nicht, die Hilfesuchenden zu therapieren, sondern ihnen auf Augenhöhe zu begegnen und mit ihnen in Beziehung zu kommen. Denn oft ist es genau das, was den Jugendlichen fehlt: stabile und verlässliche Bindungen. Natürlich werden die ehrenamtlichen Berater mit den Fällen nicht alleingelassen, sondern besprechen sie regelmäßig in Gruppensupervisionen.

Einen ähnlichen Ansatz verfolgt auch das *Big-Brother/Big-Sister*-Programm, das vor mehr als 100 Jahren in den USA begann und heute auch in vielen anderen Ländern existiert. Hier werden Kindern und Jugendlichen aus sozioökonomisch schwachen Familien Mentoren zur Seite gestellt, meist junge Erwachsene in den Zwanzigern, die Zeit mit den Kindern verbringen. Auch dieser Ansatz nutzt die Herstellung von positiven und verlässlichen Bindungen, um Resilienz bei Kindern und Jugendlichen zu stärken – und ist erfolgreich: Teilnehmer mit einem *Big Brother* oder einer *Big Sister* haben ein geringeres Risiko, Drogen zu nehmen, in Schlägereien verwickelt zu werden oder die Schule zu schwänzen. Zudem haben sie weniger Probleme mit ihrer Familie und ein größeres Selbstbewusstsein.[222] Letzteres ist vermutlich auch darauf zurückzuführen, dass während der gemeinsamen Zeit mit dem Mentor oder der Mentorin Ausflüge unternommen werden und das Kind die Möglichkeit hat, Erfahrungen zu sammeln, die ihm sonst verwehrt bleiben.

Natürlich können auch Geschwister, Großeltern oder andere Verwandte die Rolle eines Mentors einnehmen. Positive Geschwisterbeziehungen tragen zur Stärkung von Kindern und Jugendlichen bei, lassen sich allerdings nur in geringem Maße von Außenstehenden fördern. Interessanterweise haben Geschwisterbeziehungen auch einen deutlich positiven Effekt für das ältere Geschwisterkind: Wer die Verantwortung für jüngere Geschwister trägt – oder auch durch andere Tätigkeiten eine wichtige Rolle im Familiengefüge einnimmt –, ist resilienter. Werden einem Kind oder Jugendlichen wichtige Tätigkeiten übertragen, so stärkt dies das Selbstvertrauen und das Gefühl von Kompetenz und Zugehörigkeit. Der Umstand, dass sich andere Familienmitglieder auf einen verlassen, vermittelt das Gefühl, gebraucht zu werden, dass man wichtig und wertvoll ist.[223]

Über das Eingehen von stabilen, positiven Beziehungen hinaus profitieren unterprivilegierte Jugendliche von Projekten, bei denen sie bestimmte Fähigkeiten lernen und diese unmittelbar anwenden können, beispielsweise ein Handwerk oder eine musische Fähigkeit wie Malen, Singen oder ein Instrument zu spielen. Derartige Fähigkeiten schaffen positive Erfolgserlebnisse mit direkten Ergebnissen. Sie stärken das Selbstbewusstsein, indem sie den Kindern und Jugendlichen das Gefühl geben, etwas Besonderes allein geschafft zu haben, etwas zu können, das möglicherweise kein anderer in der Familie kann, beziehungsweise einfach «gut» in etwas zu sein. Jugendliche profitieren besonders von Aktivitäten, bei denen sie *echte* Erfahrungen machen können und sowohl durch eigenes Experimentieren als auch aus eigenen Erfolgen oder Misserfolgen lernen.

Unabhängig davon, um was für eine Intervention es sich handelt, Resilienzprogramme können nur erfolgreich sein, wenn sie sich über eine längere Zeit hinziehen und nach ihrem Abschluss regelmäßige *Follow-ups* oder *Booster-Sessions* stattfinden, bei denen die Jugendlichen wieder auf ihren Mentor oder andere Teilnehmer und Gruppenleiter treffen.

Weiterhin ist es wichtig, dass die Interventionen zum richtigen Zeitpunkt stattfinden. Dieser wird leider meistens verpasst, denn eine Präventivmaßnahme beginnt am besten, bevor ein Kind durch schwieriges oder gar kriminelles Verhalten auffällt. Eine frühzeitige Intervention kann die Entwicklung eines Kindes positiv beeinflussen und als Schutzfaktor wirken. Als ein guter Zeitpunkt wird die Grundschule vorgeschlagen, möglicherweise sogar bereits der Kindergarten. Da gerade die Kinder und Jugendlichen, die das höchste Risiko haben, Verhaltensauffälligkeiten zu entwickeln oder kriminell zu werden, leider auch am ehesten durch die Maschen fallen und am wenigsten von generalisierten Resilienzprogrammen profitieren, sollte der soziokulturelle Hintergrund in die Planung der Intervention mit einbezogen und die Maßnahme so weit wie möglich auf die individuelle Zielperson zugeschnitten werden.[224]

Beginnt eine Intervention erst im jugendlichen Alter (13–17), sind die Erfolgsraten niedriger als bei Programmen, die schon im Kindesalter (9–12) ansetzen. Psychologen vermuten, dass dies daran liegt, dass die Programme oft nicht auf die Bedürfnisse der Jugendlichen zugeschnitten sind, insbesondere nicht ihrem Wunsch nach Respekt und Begegnung auf Augenhöhe entsprechen.[225] Jugendliche möchten von Erwachsenen in einer Art behandelt werden, die ihre kognitive Reife, ihre Kompetenzen und ihre Autonomie anerkennt. Es ist entscheidend für den Erfolg eines Programms, dass die Jugendlichen in die Planung und die Entscheidungen mit einbezogen werden und dass die Erwachsenen ihnen zuhören. Die Forscher schlagen vor, dass Interventionen auf die Motivationen der Jugendlichen aufbauen, die in dieser Entwicklungsphase eher kurzfristiger Natur sind (etwa gut in eine soziale Gruppe eingebunden zu sein), anstatt zu versuchen, ihnen neue (langfristige) Ziele beizubringen (z. B. auf die Gesundheit zu achten).

Nicht nur das Resilienzprogramm selbst, auch dessen Auswertung muss individualisierten Kriterien folgen. Resilienz kann für jeden anders aussehen und sich auch in unterschiedlichen Verhaltensweisen äußern. Schulische Leistung und beruflicher Erfolg sind jedenfalls kein generelles Maß für Resilienz. Dies erschwert natürlich die Auswertung, da man sich dabei nicht allein auf harte Fakten wie Noten und Schulabschlüsse stützen kann. Um den Effekt einer Intervention auf das psychische Wohlergehen, das Selbstbewusstsein und die Fähigkeit, vertrauensvolle Beziehungen zu anderen aufzubauen, zu evaluieren, ist Zeit und Einfühlungsvermögen nötig.

Resilienz im Alter

Die meisten der bislang beschriebenen Übungen und Maßnahmen zur Stärkung von Resilienz sind Präventivmaßnahmen. In Kindheit und Jugend ist dies durchaus sinnvoll, wir wollen die jungen Menschen auf das Leben vorbereiten. Doch wenn das Leben weiter fortschreitet, verändert sich auch der Charakter der Stressoren: Es sammeln sich kleine oder größere Traumata, Verluste und Kränkungen an. Das gelebte Leben hinterlässt seine Spuren – psychisch wie physiologisch. Daher sollten sich die Resilienz fördernden, vorbeugenden Interventionen im Laufe des Lebens langsam umwandeln in Strategien, die den resilienten Umgang mit dem bereits Erlebten erleichtern und die darüber hinaus eine positiv-adaptive Art des Alterns unterstützen. Natürlich spielen mit fortgeschrittenem Lebensalter auch die bereits erworbenen Fähigkeiten, die die Resilienz stärken, eine

Rolle, beispielsweise die Emotionsregulation. Ebenso bleiben das zwischenmenschliche Umfeld und die Einbindung in eine Gruppe wichtig. Hierauf kommen wir noch zurück.

Während der Kindheit und Jugend, aber auch während des jüngeren Erwachsenenalters lässt sich die Stärkung von Resilienz leicht als das Erwerben bestimmter Eigenschaften oder Verhaltensstrategien deuten, als eine Entwicklung, die die erfolgreiche Anpassung an adverse Ereignisse ermöglicht. Doch im Alter, so zumindest die weitläufige Meinung, ist unsere Entwicklung abgeschlossen, wir sind fertig geformte Menschen mit festem Charakter, die keine neuen Verhaltensweisen mehr erlernen können. Das Sprichwort «Was Hänschen nicht lernt, lernt Hans nimmermehr» verdeutlicht diese Volksweisheit sehr schön. Doch entspricht dies glücklicherweise nicht der Wirklichkeit. Auch im Alter haben wir die Möglichkeit, Neues zu lernen, uns anzupassen und zu entwickeln. Allerdings – und das ist entscheidend – müssen wir auch selbst daran glauben. Wer überzeugt ist, dass er oder sie bestimmte Eigenschaften und Verhaltensweisen hat, die sich im Alter nicht mehr ablegen lassen, dem wird dies auch nicht gelingen. Es handelt sich hierbei um das Phänomen der *self-fulfilling prophecy*, der selbsterfüllenden Prophezeiung. Diese funktioniert ähnlich wie der vielfach belegte Placebo-Effekt, der beispielsweise besagt, dass eine Pille ohne schmerzstillende Wirkstoffe wirksam gegen Schmerzen sein kann, wenn der Patient nur ausreichend von ihrer Wirkung überzeugt ist. Allerdings gibt es auch das Gegenteil, den sogenannten Nocebo-Effekt: Wenn wir glauben, eine Pille würde als Nebenwirkung Schmerzen auslösen, dann kann es passieren, dass dieser Schmerz tatsächlich auftritt, selbst wenn diese Nebenwirkung ‹in Wirklichkeit› gar nicht existiert. Genau derselbe Mechanismus beeinflusst auch unsere Psyche: Unsere Überzeugungen formen sowohl unsere Wahrnehmung als auch unsere Verhaltensweisen. Da der Gedanke, man könne sich im Alter nicht mehr ändern, weit verbreitet ist, möchte ich hier zunächst diese Volksweisheit in Frage zu stellen.

Zuerst einmal: Es gibt durchaus Studien, die nahelegen, dass die Fähigkeit des Gehirns, neue Nervenzellen zu bilden, im Alter abnimmt[226] oder möglicherweise sogar völlig verschwindet.[227] Gleichzeitig konnten andere Studien den Nachweis liefern, dass die sogenannte Neurogenese im Hippocampus auch im Erwachsenenalter noch stattfinden kann.[228] Die Forschung ist sich uneins darüber, ob das Gehirn im Alter noch neue Neurone bilden kann.[229] Möglicherweise gibt es hier sogar individuelle Unterschiede, die auch damit zusammenhängen könnten, wie stark wir uns selbst herausfordern. So konnte zumindest bei ausgewachsenen Ratten gezeigt werden, dass die Neurogenese durch ein abwechslungsreiches Umfeld anregt wird.[230] Das macht auch Sinn: Nur wenn das Gehirn neue Nervenzellen im Hippocampus benötigt, wird es auch die Energie aufwenden, diese entstehen zu lassen.

Doch selbst wenn Neurogenese beim erwachsenen Menschen nicht mehr möglich sein sollte, würde das noch nicht bedeuten, dass wir uns nicht mehr anpassen können. Neue Nervenzellen können nach der Geburt überhaupt nur im Hippocampus gebildet werden; insofern kann die Neubildung von Neuronen nicht allein dafür verantwortlich sein, dass wir lernen und uns verändern. Wichtiger als die Neurogenese ist die Neuroplastizität: die Veränderung der Verbindungen zwischen den Nervenzellen. Nervenzellen können neue Verbindungen zueinander bilden und vorhandene Verbindungen stärken oder schwächen. Auch das zwischen den Zellen übertragene Signal ist Modulierungsprozessen unterworfen. Die Axone, die Fortsätze der Nervenzellen, entstehen während der pränatalen Entwicklung und sind bei erwachsenen Menschen größtenteils stabil; nur weniger als zehn Prozent sind veränderlich.[231] Axone aber bilden Synapsen mit anderen Neuronen an den sogenannten Dendriten, und diese Bereiche, in denen Synapsen entstehen, sind hochdynamisch. So kann die Signalstärke zwischen zwei Neuronen erhöht oder verringert werden, mit Folgen, die sich bis auf die Netzwerkebene des Gehirns erstrecken. Ein Beispiel dafür ist der Mechanismus des sogenannten *Unmasking:* Manche Neurone unterdrücken durch ihre Aktivität ganze Netzwerke. Wird die Aktivität solcher inhibitorischen Neurone abgeschwächt, kann dadurch ein Netzwerk freigelegt werden. Hierfür sind keinerlei strukturellen

Veränderungen im Gehirn notwendig. Auch diese Form der Plastizität existiert noch im hohen Alter.

Während in der Vergangenheit große Querschnittstudien nahelegten, dass wir im Alter sogar graue Substanz, also Nervenzellen und Verbindungen, verlieren, legen detaillierte Analysen inzwischen ein anderes Bild nahe. Gruppiert man ältere Menschen nach ihren kognitiven Fähigkeiten, zeigen sich große Unterschiede in der noch vorhandenen Menge der grauen Substanz. Die Gehirne derjenigen, die über die besten kognitiven Fähigkeiten im Alter verfügten, die sogenannten *Superager*, ließen sich nicht von den Gehirnen jüngerer Menschen unterscheiden![232] Allerdings ist nach wie vor nicht hinreichend geklärt, ob die *Superager* nicht schon in jüngerem Alter über ein größeres Gehirnvolumen verfügten. Aber selbst wenn dem so sein sollte: Nach allem, was wir bisher über die Gehirnentwicklung und Plastizität gelernt haben, können wir vermuten, dass diese außergewöhnlichen Älteren nicht ihr Leben lang auf der faulen Haut gelegen haben. Hierauf deuten auch retrospektive Untersuchungen hin, in denen *Superager* angaben, in ihrer Lebensmitte ein anspruchsvolles bis stressiges Leben geführt zu haben.[233] Von frühester Kindheit bis ins hohe Alter scheint zu gelten: Ebenso wie die Neurogenese geschehen die plastischen Veränderungen im Gehirn nicht ohne Anlass. Damit das Gehirn sich auch im Alter plastisch verändert, braucht es Gründe, das heißt Anreize, neue Erfahrungen und Herausforderungen. So hat jeder die Möglichkeit, sein Wohlergehen aktiv zu beeinflussen. In dem Ausmaß, in dem dies geschieht, unterscheiden wir uns allerdings voneinander.

Eine zentrale Quelle für Herausforderungen kann das soziale Miteinander sein. Im Umgang mit anderen Menschen sind unsere Kompromissbereitschaft, unsere kognitive Flexibilität und unser Empathievermögen gefragt. Um andere zu verstehen, muss unser Gehirn ungeheure «Rechenleistungen» vollbringen, umso mehr, wenn unser Gegenüber uns in Einstellungen und Denkweisen nicht ähnelt. In diesem Sinne profitieren ältere Menschen vom Austausch mit Jüngeren, gerade wenn deren Weltsicht sich von ihrer unterscheidet. Das könnte eine Motivation sein, an Programmen wie «Oma und Opa mieten» teilzunehmen. Einsamkeit im Alter hingegen erhöht das Risiko, an einer Depression zu leiden.[234, 235] Die Teilnahme an sozialen, insbesondere auch an intergenerationalen Aktivitäten stellt eine wichtige und erfolgreiche Coping-Strategie im Alter dar.[236]

Am besten sind gemeinsame, möglichst mit Bewegung verbundene Aktivitäten. Das reicht vom Memory-Spiel mit den Enkelkindern über eine Wanderung mit Freunden oder eine politische Diskussion mit den eigenen Kindern bis zur Teilnahme an einem Kunstkurs. Es gibt hier kein *richtig* und *falsch*. Hauptsache, die betreffende Aktivität bietet neue Erfahrungen, die geistig oder körperlich fordern und herausfordern, also das Gehirn anregen, weiterhin flexibel zu bleiben, sich anzupassen und zu lernen. Die meisten von uns haben im Alter gewisse Einschränkungen, meist gesundheitlicher Art. Entscheidend aber ist, diese nicht als ein Hindernis zu betrachten, vor dem wir kapitulieren. Können wir aufgrund von eingeschränkter Beweglichkeit beispielsweise unseren Lieblingssport nicht mehr ausüben, muss dies nicht die Aufgabe jeglicher sportlichen Betätigung zur Folge haben. Wir können auch eine neue Sportart erlernen, die besser zu unserer körperlichen Verfassung passt. Eben das ist ja Resilienz: statt den Verlust einer Fähigkeit passiv hinzunehmen, sich an veränderte Lebensbedingungen anzupassen.

Zur Resilienz im Alter gehört auch der Umgang mit Krankheiten und Verlusten. Gesundheitliche Einschränkungen können uns schon früh im Leben treffen. Hier genügt es nicht, auf die Plastizität des Gehirns hinzuweisen. Vielmehr benötigen wir dazu konkrete erfolgversprechende Coping-Strategien. Von Vorteil ist es, wenn wir solche Strategien bereits früher in unserem Leben erlernt haben und bei Bedarf darauf zurückgreifen können. Wer über eine breite Palette möglichst unterschiedlicher Strategien beispielsweise zum Stressabbau verfügt, hat gute Chancen, dass auch im Alter und trotz Einschränkungen etwas davon passt. Dann geht man vielleicht nicht mehr joggen, aber widmet sich dem Malen oder spielt Gesellschaftsspiele innerhalb einer festen Gruppe. Bekannt ist, dass körperliche Aktivität auch im Alter wichtig für die Gesundheit ist und beispielsweise

Demenz vorbeugt.[237] Nur sollte man überzogene Erwartungen vermeiden: Resilienz im Alter kann nicht bedeuten, auf völlige Gesundheit hinzuarbeiten, sondern meint vielmehr die Einsicht, dass Krankheiten und Verluste zu jedem Leben dazugehören. Tatsächlich steht eine Erkrankung dem Wohlergehen im Alter nicht zwangsläufig im Wege: Auch ältere Menschen, die unter einer Krankheit leiden, betrachten sich selbst in der Regel als «erfolgreich alternd».[238]

Eine mögliche Anpassung der Erwartungshaltung kann also in einem anderen Verständnis von «Gesundheit» bestehen.[239] Allgemein definieren wir Gesundheit als das Freisein von Krankheit. Gesundheit lässt sich aber auch verstehen als erfolgreiche Bewältigung einer Krankheit, einer Behinderung oder langanhaltender Krankheitsfolgen. Gerade für chronische Erkrankungen, die sich im Alter häufen, lohnt sich diese Sicht: Ich bin gesund im Rahmen des Gegebenen. Ich nutze meine vorhandenen Fähigkeiten – ausgleichend und stärkend – und akzeptiere meine Einschränkungen. Einmal mehr gilt es, das rechte Maß zu finden: zwischen einem Annehmen der Situation, die wir nicht ändern können, und einem *Sich-Ergeben* in die Situation, das leicht zu einem regelrechten Kultivieren von Erkrankungen und Einschränkungen führen kann. Stets beeinflusst unsere eigene Erwartung unsere Wahrnehmung der Situation: Wer sich selbst als alt, als hinfällig oder eingeschränkt ansieht, wird sich dementsprechend verhalten und so Möglichkeiten nicht erkennen, in denen er oder sie sich aktiv einbringen kann. Wer sich hingegen aktiv beteiligt, wo immer es möglich ist, der stärkt seine psychische Widerstandkraft; denn besonders im Alter trägt das Gefühl von Autonomie und Selbstwirksamkeit zum psychischen Wohlergehen bei. Es geht darum, sich nicht selbst den Handlungsspielraum zu nehmen, weil man sich als «alt» oder im Falle einer Erkrankung als «behindert» einstuft.

In unserer Gesellschaft, die die Jugendlichkeit verehrt, wird Altern in der Regel als ein Prozess des Verlustes von Fähigkeiten verstanden. Legen wir hingegen den Fokus auf den Zugewinn an Lebenserfahrung und die wachsende Gelassenheit im Alter, so lässt sich derselbe Prozess auch positiv sehen. Das ist uns fremd und fällt uns schwer, obwohl es durchaus Kulturen gab und gibt, die die Ältesten als Weise achten. Zumindest aber können wir versuchen, Altern als zum Leben gehörend zu verstehen. Wer das Leben als Ganzes, als vollständige Erfahrung er*leben* möchte, für den hat auch die Endphase des Lebens Berechtigung und Wert, genauso wie alle anderen Phasen des Lebens. Noch weiter geht der Gedanke, das Altern als ein neues Abenteuer mit neuen Herausforderungen zu betrachten. Selbst der ewig junge Peter Pan bemerkt im Angesicht seines möglichen Ertrinkens: «Zu sterben wäre ein schrecklich großes Abenteuer.» Ähnliches versucht die Theorie der Gerotranszendenz des Gerontologen Lars Tornstam.[240] Sie steht im Kontrast zu der gängigen Sicht, dass erfolgreiches Altern eine Fortsetzung der Jugend ist, möglichst unbeeinträchtigt vom Alterungsprozess. Die Theorie von Tornstam beschreibt Altern als einen weiteren, positiven Entwicklungsprozess, der unsere Perspektive weg von einer materiellen und rationalen hin zu einer transzendenten Sicht auf das Leben verschiebt. Darunter versteht Tornstam nicht zwangsläufig eine religiöse oder esoterische Orientierung, wohl aber eine spirituelle Sichtweise, die sich in einer Veränderung der zeitlichen Bezüge, der Selbstwahrnehmung im Generationenlauf und des Verständnisses des Lebens ausdrückt. Dieser Perspektivenwechsel ermöglicht dem alternden Menschen die Entwicklung eines neuen Verständnisses von sich selbst, seiner Beziehungen zu anderen und zum Leben selbst. Zu dieser Entwicklungsphase gehören ein verringerter Selbstfokus und eine größere Sorge um andere, gleichzeitig aber auch ein verstärktes Bedürfnis, Zeit für sich zu verbringen. Mehrere Studien zeigen, dass gerotranszendente Menschen besonders resilient und zufrieden mit ihrem Leben sind.[241] Sie erfahren das Lebensende als eine positive und bedeutungsvolle Zeit und fühlen sich stärker verbunden mit der Vergangenheit, mit ihren Vorfahren, mit der Natur und dem Kosmos.

6. Schlusswort

Stress, Krisen und schwere Zeiten gehören zu jedem Leben dazu. Seit der Abfassung dieses Buches hat die Menschheit mindestens eine gemeinsame Erfahrung gemacht, die man vielleicht als ein kollektives Trauma betrachten könnte, die aber auf jeden Fall für viele Menschen traumatische Erlebnisse herbeigeführt hat: die Corona-Pandemie. Auch die anhaltend aufflammenden internationalen Konflikte und Kriege sowie die Bedrohung durch die Klimakrise und damit zusammenhängende Extremwetterereignisse führen weiterhin und verstärkt zu Trauma, Stress, Ängsten und einem negativen Ausblick in die Zukunft. Somit ist es umso wichtiger, dass jeder von uns über Strategien verfügen sollte, wie er oder sie mit diesen Erfahrungen umgehen kann. Die gute Nachricht ist: Interventionen zur Stärkung der Resilienz sind wirksam. Dies belegt eine großangelegte Meta-Analyse, die die Ergebnisse vieler verschiedener Studien kombinierte.[242] Als besonders effektiv zeigten sich Interventionen zur Stärkung der sozialen Unterstützung, doch auch die anderen untersuchten Interventionen hatten einen positiven Effekt (z. B. Achtsamkeitsübungen, Psychoedukation, also die systematische Vermittlung von Fachwissen zur psychischen Gesundheit, oder sportliche Betätigung). Das bedeutet: wir können etwas zur Stärkung unserer Resilienz tun!

Ein in diesem Zusammenhang häufig vernachlässigter, aber zentraler Punkt ist die Einheit von Psyche und Körper. Stress und Trauma sind stets auch physiologische Prozesse, und bei der Resilienz verhält es sich nicht anders. Wir können unsere psychische Widerstandskraft durch Reflexion und psychologisch fundierte Übungen stärken. Noch effektiver aber sind diese, wenn wir sie mit einer gesunden, das bedeutet unseren natürlichen Bedürfnissen entsprechenden Lebensweise kombinieren. Wer die biologisch gegebenen Bedürfnisse des menschlichen Organismus kennt und ihnen nachkommt, stärkt immer auch die eigene Psyche. Dies beginnt schon in der frühesten Kindheit, in einer Phase, in der die Zusammengehörigkeit von psychischem und körperlichem Wohlergehen noch am deutlichsten erkennbar ist. Wer den körperlichen Bedürfnissen eines Babys nachkommt, dem Bedürfnis nach Nähe, Wärme, nach Nahrung und Schlaf, der legt bereits Grundsteine für psychische Widerstandskraft im Erwachsenenalter. Auch unser Bedürfnis nach Nähe, nach Zugehörigkeit zu einer sozialen Gemeinschaft, das im Erwachsenenalter keineswegs nachlässt, ist biologisch gegeben. So wie es für unsere Vorfahren überlebenswichtig war, in eine Gruppe eingebunden zu sein, so ist für uns moderne Menschen die Zugehörigkeit zur Gesellschaft überlebenswichtig.

Dies bedeutet auch, dass Resilienz nicht nur eine individuelle Eigenschaft oder Fähigkeit ist, sondern vielmehr von unserem Umfeld und den Umweltbedingungen mitbestimmt wird. Wir sind nicht unabhängig vom Weltgeschehen, dies wurde wohl allen während der Corona-Pandemie besonders deutlich. Und wir sollten diese Einsicht nun nicht wieder vergessen, denn auch die Klimakrise betrifft uns alle gemeinsam und erfordert solidarische Veränderungen. Die Resilienz der Ökosysteme bestimmt unweigerlich auch die Resilienz der Menschheit. Wohl können wir durch bestimmte Strategien unsere eigene Resilienz stärken, doch als Individuum kann man hierbei an Grenzen geraten, die durch äußere Bedingungen und Ereignisse bestimmt werden. Daher möchte ich dieses Buch mit einem Plädoyer dafür abschließen, nicht nur an der eigenen Resilienz zu arbeiten, sondern sich für gesamtgesellschaftliche Veränderungen zu engagieren. Wir müssen als Gesellschaft die Grundlagen und Lebensumstände schaffen und fördern, welche jedem Menschen einen resilienten Umgang mit Krisen erleichtern.

Anmerkungen und Literatur

1 Breslau, N. (2002). Epidemiologic studies of trauma, posttraumatic stress disorder, and other psychiatric disorders. Can J Psychiatry 47: 923–929.

2 Kessler, R. C. (2000). Posttraumatic stress disorder: the burden to the individual and to society. J Clin Psychiatry 61(suppl 5): 4–12.

3 Bonanno, G. A. (2021). The resilience paradox. European Journal of Psychotraumatology 12(1), 1942642

4 Norris, F. H. (1992). Epidemiology of trauma: frequency and impact of different potentially traumatic events on different demographic groups. J Consult Clin Psychol 60: 409–418.

5 Herrman, H., Stewart, D. E., Diaz-Granados, N., Berger, E. L., Jackson, B., & Yuen, T. (2011). What is resilience? Can J Psychiatry. Revue canadienne de psychiatrie 56(5): 258–265.

6 Bowlby, J. (1951). Mental Care and Mental Health. Geneva: WHO.

7 Ainsworth, M. (1979). Infant-mother attachment. American Psychologist 34: 932–937.

8 Harlow, H. F. (1958). The nature of love. American psychologist 13(12): 673.

9 Werner, E. E., Bierman, J. M., & French, F. E. (1971). The children of Kauai: A longitudinal study from the prenatal period to age ten. University of Hawaii Press.

10 Rutter, S. J. (1979). Protective factors in children's responses to stress and disadvantage. In: Kent, M. W., & Rolf, J. E. (eds). Primary Prevention of Psychopathology, Vol. 3: Social Competence in Children, Hanover, N. H., University Press of New England.

11 Masten, A. S., & Garmezy, N. (1985). Risk, vulnerability, and protective factors in developmental psychopathology. In Advances in clinical child psychology (pp. 1–52). Springer, Boston, MA.

12 Maddi, S. R. (2002). The story of hardiness: Twenty years of theorizing, research, and practice. Consulting Psychology Journal: Practice and Research 54(3): 173.

13 Kobasa, S. C. (1979). Stressful life events, personality, and health: an inquiry into hardiness. Journal of personality and social psychology 37(1): 1.

14 Stephens, M. A. C., & Wand, G. (2012). Stress and the HPA axi: Role of glucocorticoids in alcohol dependence. Alcohol research: current reviews.

15 Holmes, T.H., & Rahe, R.H. (1967). The social readjustment rating scale. Journal of Psychosomatic research 11(2): 213–221.

16 Hobson, C.J., Kamen, J., Szostek, J., Nethercut, C.M., Tiedmann, J.W., & Wojnarowicz, S. (1998). Stressful life events: A revision and update of the social readjustment rating scale. International journal of stress management 5(1): 1–23.

17 Lazarus, R.S. (1999). Stress and Emotion. A new Synthesis. Free Association Books, London.

18 Sterling, P., & Eyer, J. (1988). Allostasis: a new paradigm to explain arousal pathology. In: Fisher, S., & Reason, J. (eds.). Handbook of life stress, cognition and health. New York: John Wiley & Sons; p. 629–649.

19 McEwen, B.S., & Wingfield, J.C. (2003). The concept of allostasis in biology and biomedicine. Horm Behav 43: 2–15.

20 Guilliams, T.G., & Edwards, L. (2010). Chronic stress and the HPA axis. The standard 9(2): 1–12.

21 McEwen, B.S. (2000). Allostasis and allostatic load: implications for neuropsychopharmacology. Neuropsychopharmacology 22(2): 108–124.

22 Wingenfeld, K., Schulz, M., Damkroeger, A., Rose, M., & Driessen, M. (2009). Elevated diurnal salivary cortisol in nurses is associated with burnout but not with vital exhaustion. Psychoneuroendocrinology 34(8): 1144–1151.

23 McEwen, B.S. (2016). Stress-induced remodeling of hippocampal CA3 pyramidal neurons. Brain Res 1645: 50–54.

24 Bremner, J.D., Randall, P., Scott, T.M., et al. (1995). MRI-based measurement of hippocampal volume in patients with combat-related posttraumatic stress disorder. Am. J. Psychiatry 152: 973–981.

25 Villarreal, G., Hamilton, D.A., Petropoulos, H., et al. (2002). Reduced hippocampal volume and total white matter volume in posttraumatic stress disorder. Biol. Psychiatry 52: 119–125.

26 Gilbertson, M.W., Shenton, M.E., Ciszewski, A., et al. (2002). Smaller hippocampal volume predicts pathologic vulnerability to psychological trauma. Nat. Neurosci. 5: 1242–1247.

27 Sapolsky, R.M., Uno, H., Rebert, C.S., Finch. C.E. (1990). Hippocampal damage associated with prolonged glucocorticoid exposure in primates. J Neurosci. 10: 2897–2902.

28 Vyas, A., Mitra, R., Rao, B.S.S., et al. (2002). Chronic stress induces contrasting patterns of dendritic remodeling in hippocampal and amygdaloid neurons. J Neurosci 22: 6810–6818.

29 Gianaros, P.J., Horenstein, J.A., Hariri, A.R., et al. (2008). Potential neural embedding of parental social standing. Soc Cogn Affect Neurosci 3: 91–96.

30 Koch, S.B., van Zuiden, M., Nawijn, L., Frijling, J.L., Veltman, D.J., & Olff, M. (2016). Aberrant resting-state brain activity in posttrau-

matic stress disorder: A meta-analysis and systematic review. Depression and anxiety, 33(7): 592–605.

31 B. Nemeroff, Ch. B., & Marmar, Ch. (eds.) (2018). Post-Traumatic Stress Disorder, Oxford University Press; August 15.

32 Windle, G., Bennett, K., & Noyes, J. (2011). A methodological review of resilience measurement scales. BMC Health Qual Life Outcomes 9: 8.

33 Nisbett, R. E., & Wilson, T. C. (1977). Telling more than we can know: verbal reports on mental processes. Psychological Review 84: 3.

34 Bonanno, G. A., Westphal, M., & Mancini, A. D. (2011). Resilience to loss and potential trauma. Annual review of clinical psychology 7: 511–535.

35 Feldman, R. (2020). What is resilience: an affiliative neuroscience approach. World Psychiatry 19(2): 132-150.

36 Haidt, J. (2024). Generation Angst: Wie wir unsere Kinder an die virtuelle Welt verlieren und ihre psychische Gesundheit aufs Spiel setzen. Hamburg: Rowohlt Buchverlag.

37 Bartels, M., Van den Berg, M., Sluyter, F., Boomsma, D. I., & de Geus, E. J. (2003). Heritability of cortisol levels: review and simultaneous analysis of twin studies. Psychoneuroendocrinology 28(2): 121–137.

38 Meaney, M. J., Aitken, D. H., Bodnoff, S. R., Iny, L. J., Tatarewicz, J. E., & Sapolsky, R. M. (1985). Early postnatal handling alters glucocorticoid receptor concentrations in selected brain regions. Behav Neurosci 99(4): 765–770.

39 Meaney, M. J., Szyf, M., & Seckl, J. R. (2007). Epigenetic mechanisms of perinatal programming of hypothalamic–pituitary–adrenal function and health. Trends Mol Med 13(7): 269–277.

40 Weaver, I. C., Champagne, F. A., Brown, S. E., Dymov, S., Sharma, S., Meaney, M. J., & Szyf, M. (2005). Reversal of maternal programming of stress responses in adult offspring through methyl supplementation: altering epigenetic marking later in life. J Neurosci 25(47): 11045–11054.

41 McGowan, P. O., Sasaki, A., D'Alessio, A. C., Dymov, S., Labonte, B., Szyf, M., Turecki, G., & Meaney, M. J. (2009). Epigenetic regulation of the glucocorticoid receptor in human brain associates with childhood abuse. Nat Neurosci 2: 342–348.

42 Perroud, N., Paoloni-Giacobino, A., Prada, P., Olie, E., Salzmann, A., Nicastro, R., Guillaume, S., Mouthon, D., Stouder, C., Dieben, K., Huguelet, P., Courtet, P., & Malafosse, A. (2011). Increased methylation of glucocorticoid receptor gene (NR3C1) in adults with a history of childhood maltreatment: a link with the severity and type of trauma. Transl Psychiatry 1: e59.

43 Goll, M. G., & Bestor, T. H. (2005). Eukaryotic cytosine methyltransferases. Annu Rev Biochem 74: 481–514.

44 Miller, C. A., & Sweatt, J. D. (2007). Covalent modification of DNA regulates memory formation. Neuron 53: 857–869.

45 Buitelaar, J. K., Huizink, A. C., Mulder, E. J., de Medina, P. G. R., & Visser, G. H. (2003). Prenatal stress and cognitive development and temperament in infants. Neurobiology of aging 24: S53–S60.

46 Davis, E. P., & Sandman, C. A. (2010). The timing of prenatal exposure to maternal cortisol and psychosocial stress is associated with human infant cognitive development. Child development 81(1): 131–148.

47 Dean, D. C., Planalp, E. M., Wooten, W., Kecskemeti, S. R., Adluru, N., Schmidt, C. K., … & Styner, M. A. (2018). Association of Prenatal Maternal Depression and Anxiety Symptoms With Infant White Matter Microstructure. JAMA Pediatrics 172(10): 973–981.

48 Charil, A., Laplante, D. P., Vaillancourt, C., & King, S. (2010). Prenatal stress and brain development. Brain research reviews 65(1): 56–79.

49 Ward, H. E., Johnson, E. A., Salm, A. K., & Birkle, D. L. (2000). Effects of prenatal stress on defensive withdrawal behavior and corticotropin releasing factor systems in rat brain. Physiol. Behav. 70: 359–366.

50 Uno, H., Eisele, S., Sakai, A., Shelton, S., Baker, E., DeJesus, O., & Holden, J. (1994). Neurotoxicity of glucocorticoids in the primate brain. Horm. Behav. 28: 336–348.

51 Szuran, T. F., Pliska, V., Pokorny, J., & Welzl, H. (2000). Prenatal stress in rats: effects on plasma corticosterone, hippocampal glucocorticoid receptors, and maze performance. Physiol. Behav. 71: 353–362.

52 Fischi-Gómez, E., Vasung, L., Meskaldji, D. E., Lazeyras, F., Borradori-Tolsa, C., Hagmann, P., … & Hüppi, P. S. (2014). Structural brain connectivity in school-age preterm infants provides evidence for impaired networks relevant for higher order cognitive skills and social cognition. Cerebral cortex 25(9): 2793–2805.

53 Heinonen, K., Lahti, J., Sammallahti, S., Wolke, D., Lano, A., Andersson, S., … & Raikkonen, K. (2018). Neurocognitive outcome in young adults born late-preterm. Developmental Medicine & Child Neurology 60(3): 267–274.

54 Heinonen, K., Eriksson, J. G., Lahti, J., Kajantie, E., Pesonen, A. K., Tuovinen, S., … & Raikkonen, K. (2015). Late preterm birth and neurocognitive performance in late adulthood: a birth cohort study. Pediatrics 135(4): e818–e825.

55 Lemaire, V., Lamarque, S., Le Moal, M., Piazza, P.-V., Abrous, D. N. (2006). Postnatal stimulation of the pups counteracts prenatal stress-induced deficits in hippocampal neurogenesis. Biol. Psychiatry 59: 786–792.

56 Mullen, P. E., Martin, J. L., Anderson, J. C., Romans, S. E., & Herbison, G. P. (1996). The long-term impact of the physical, emotional,

and sexual abuse of children: a community study. Child. Abuse. Negl. 20: 7–21.
57 Heim, C., Newport, D.J., Heit, S., Graham, Y.P., Wilcox, M., Bonsall, R., Miller, A.H., & Nemeroff, C.B. (2000). Pituitary-adrenal and autonomic responses to stress in women after sexual and physical abuse in childhood. Jama 284 (5): 592–597.
58 Seligman, M.E.P. (1972). Learned helplessness. Annual Review of Medicine 23 (1): 407–412.
59 Vollmayr, B., & Gass, P. (2013). Learned helplessness: unique features and translational value of a cognitive depression model. Cell and tissue research 354(1): 171–178.
60 Cole, C.S., & Coyne, J.C. (1977). Situational specificity of laboratory-induced learned helplessness in humans. Journal of Abnormal Psychology 86 (6): 615–623.
61 Ainsworth, M.D.S., & Bell, S.M. (1974). Mother-infant interaction and the development of competence. In: Conolly, K.J., & Bruner, J.S. (eds.). The growth of competence. New York: Academic Press.
62 Finkelstein, N.W., & Ramey, C.T. (1977). Learning to control the environment in infancy. Child Development 48: 806–819.
63 Francis, D.D., & Meaney, M.J. (1999). Maternal care and the development of stress responses. Current opinion in neurobiology 9(1): 128–134.
64 Liu, D., Diorio, J., Tannenbaum, B., Caldji, C., Francis, D., Freedman, A., … & Meaney, M.J. (1997). Maternal care, hippocampal glucocorticoid receptors, and hypothalamic-pituitary-adrenal responses to stress. Science 277(5332): 1659–1662.
65 Maes, M., Yirmyia, R., Noraberg, J., Brene, S., Hibbeln, J., Perini, G., et al. (2009). The inflammatory & neurodegenerative (I&ND) hypothesis of depression: leads for future research and new drug developments in depression. Metab. Brain Dis. 24: 27–53.
66 Moussavi, S., Chatterji, S., Verdes, E., Tandon, A., Patel, V., & Ustun, B. (2007). Depression, chronic diseases, and decrements in health: results from theWorld Health Surveys. Lancet 370: 851–858.
67 Pfau, M.L., & Russo, S.J. (2015). Peripheral and central mechanisms of stress resilience. Neurobiology of stress 1: 66–79.
68 Gururajan, A., van de Wouw, M., Boehme, M., Becker, T., O'Connor, R., Bastiaanssen, T.F., … & Dinan, T.G. (2019). Resilience to Chronic Stress Is Associated with Specific Neurobiological, Neuroendocrine and Immune Responses. Brain, Behavior, and Immunity S0889–1591.
69 Marusak, H.A., Hatfield, J.R., Thomason, M.E., & Rabinak, C.A. (2017). Reduced ventral tegmental area–hippocampal connectivity in children and adolescents exposed to early threat. Biological Psychiatry: Cognitive Neuroscience and Neuroimaging 2(2): 130–137.
70 Kieling, C., Baker-Henningham, H., Belfer, M., et al. (2011). Child

and adolescent mental health worldwide: evidence for action. Lancet 378: 1515–1525.

71 Ravens-Sieberer, U., Wille, N., Erhart, M., Bettge, S., Wittchen, H. U., Rothenberger, A., Herpertz-Dahlmann, B., Resch, F., Hölling, H., Bullinger, M., Barkmann, C., Schulte-Markwort, M., & Döpfner, M. (2008). BELLA study group. Prevalence of mental health problems among children and adolescents in Germany: results of the BELLA study within the National Health Interview and Examination Survey. Eur Child Adolesc Psychiatry 17 (Suppl 1): 22–33.

72 Ravens-Sieberer, U., Otto, C., Kriston, L., et al. (2015). The longitudinal BELLA study: design, methods and first results on the course of mental health problems. Eur Child Adolesc Psychiatry 24: 651–663.

73 Kessler, R. C., Avenevoli, S., Costello, E. J., Georgiades, K., Green, J. G., Gruber, M. J., et al. (2012). Prevalence, persistence, and sociodemographic correlates of DSM-IV disorders in the National Comorbidity Survey Replication Adolescent Supplement. Arch Gen Psychiatry 69(4): 372–380.

74 https://www.aerzteblatt.de/nachrichten/101355/Bei-immer-mehr-Kindern-und-Jugendlichen-werden-ambulant-psychische-Stoerungen-diagnostiziert, abgerufen am 27.3.2019.

75 Torjesen, I. (2019). Childhood trauma doubles risk of mental health conditions. BMJ Clinical Research 364: 1854.

76 Atwool, N. (2006). Attachment and resilience: Implications for children in care. Child Care in Practice 12(4): 315–330.

77 Matson, A. S., & Coatsworth, J. D. (1998). The development of competence in favorable and unfavorable environments. American Psychologist 53(2): 205–220.

78 Fonagy, P. (2003). The development of psychopathology from infancy to adulthood: The mysterious unfolding of disturbance. Infant Mental Health Journal 24(3): 212–239.

79 Rutter, M. (1994). Stress research: Accomplishments and tasks ahead. In: Haggerty, R. J., Sherrod, L. R., Garmezy, N., & Rutter, M. (eds.). Stress, risk and resilience in children and adolescents. Processes, mechanisms and interventions (pp. 354–386). Cambridge, Cambridge University Press.

80 Romeo, R. D. (2010). Pubertal maturation and programming of hypothalamic-pituitary-adrenal reactivity. Front. Neuroendocrinol. 31: 232–240.

81 McCormick, C. M., Mathews, I. Z., Thomas, C., & Waters, P. (2010). Investigations of HPA function and the enduring consequences of stressors in adolescence in animal models. Brain Cogn 72: 73–85.

82 Giedd, J. N., & Rapoport, J. L. (2010). Structural MRI of pediatric brain development: what have we learned and where are we going? Neuron 67: 728–734.

83 Miller, G. E., Chen, E., Armstrong, C. C., Carroll, A. L., Ozturk, S., Rydland, K. J., ... & Nusslock, R. (2018). Functional connectivity in central executive network protects youth against cardiometabolic risks linked with neighborhood violence. Proceedings of the National Academy of Sciences 115(47): 12063–12068.

84 Romeo, R. D. (2015). Perspectives on stress resilience and adolescent neurobehavioral function. Neurobiology of stress 1: 128–133.

85 Lyons, D. M., Parker, K. J., Schatzberg, A. F. (2010). Animal models of early life stress: implications for understanding resilience. Dev. Psychobiol. 52: 616–624.

86 Parker, K. J., Buckmaster, C. L., Sundlass, K., Schatzberg, A. F., & Lyons, D. M. (2006). Maternal mediation, stress inoculation, and the development of neuroendocrine stress resistance in primates. Proc. Natl. Acad. Sci. U. S. A. 103, 3000–3005.

87 Tang, A. C., Akers, K. G., Reeb, B. C., Romeo, R. D., & McEwen, B. S. (2006). Programming social, cognitive, and neuroendocrine development by early exposure to novelty. Proc. Natl. Acad. Sci. U. S. A. 103: 15716–15721

88 Kendig, M. D., Bowen, M. T., Kemp, A. H., & McGregor, I. S. (2011). Predatory threat induces huddling in adolescent rats and residual changes in early adulthood suggestive of increased resilience. Behav. Brain Res. 225: 06–414.

89 Schmidt, M. V. (2011). Animal models of depression and the mismatch hypothesis of disease. Psychoneuroendocrinology 36: 330–338.

90 Caspi, A., Sugden, K., Moffitt, T. E., Taylor, A. R., Craig, I. W., Harrington, H., et al. (2003). Influence of life stress on depression: moderation by a polymorphism in the 5-HTT gene. Science 301: 386–389.

91 Adler, N. E., & Ostrove, J. M. (1999). Socioeconomic status and health: what we know and what we don't. Annals of the New York academy of Sciences 896(1): 3–15.

92 Najman, J. M., Aird, R., Bor, W., O'Callaghan, M., Williams, G. M., & Shuttlewood, G. J. (2004). The generational transmission of socioeconomic inequalities in child cognitive development and emotional health. Social science & medicine 58(6): 1147–1158.

93 Barbey, A. K., Colom, R., & Grafman, J. (2012). Distributed neural system for emotional intelligence revealed by lesion mapping. Social cognitive and affective neuroscience 9(3): 265–272.

94 Strenze, T. (2007). Intelligence and socioeconomic success: A meta-analytic review of longitudinal research. Intelligence 35(5): 401–426.

95 Von Stumm, S., & Plomin, R. (2015). Socioeconomic status and the growth of intelligence from infancy through adolescence. Intelligence 48: 30–36.

96 Plomin, R., & von Stumm, S. (2018). The new genetics of intelligence. Nature Reviews Genetics 19(3): 148.
97 Jowkar, B. (2007). The mediating role of resilience in the relationship between general and emotional intelligence and life satisfaction. European Online Journal of Natural and Social Sciences 2: 216–222.
98 Armstrong, A. R., Galligan, R. F., & Critchley, C. R. (2011). Emotional intelligence and psychological resilience to negative life events. Personality and Individual Differences 51(3): 331–336.
99 Côté, S., Gyurak, A., & Levenson, R. W. (2010). The ability to regulate emotion is associated with greater well-being, income, and socioeconomic status. Emotion 10(6): 923.
100 Bradley, R. H., & Corwyn, R. F. (2002). Socioeconomic status and child development. Annual review of psychology 53(1): 371–399.
101 Milaniak, I., & Jaffee, S. R. (2019). Childhood Socioeconomic Status and Inflammation: A Systematic Review and Meta-Analysis. Brain, Behavior, and Immunity 78.
102 Adler, N. E., Marmot, M., McEwen, B. S., Stewart, J. (eds.) (1999). Socioeconomic Status and Health in Industrialized Nations. New York: NY Acad. Sci.
103 Parcel, T. L., Menaghan, E. G. (1990). Maternal working conditions and children's verbal facility: studying the intergenerational transmission of inequality from mothers to young children. Soc. Psychol. Q. 53: 132–147.
104 Kohn, M. L., Schooler, C. (1982). Job conditions and personality: a longitudinal assessment of their reciprocal effects. Am. J. Soc. 87: 1257–1283.
105 Bradley, R. H., Corwyn, R. F., Burchinal, M., McAdoo, H. P., & García Coll, C. (2001). The home environments of children in the United States Part II: Relations with behavioral development through age thirteen. Child development 72(6): 1868–1886.
106 Brooks-Gunn, J., Klebanov, P. K., & Liaw, F. (1995). The learning, physical, and emotional environment of the home in the context of poverty: The Infant Health and Development Program. Child. Youth Serv. Rev. 17: 251–276.
107 Achenbach, T., Bird, H., Canino, G., Phares, V., Gould, M., & Rubio-Stipec, M. (1990). Epidemiological comparisons of Puerto Rican and U. S. mainland children: parent, teacher and self reports. J. Am. Acad. Child Adolesc. Psychiatry 29: 84–93.
108 McLoyd, V. C. (1998). Socioeconomic disadvantage and child development. Am. Psychol. 53: 185–204.
109 McLoyd, V. C. (1990). The impact of economic hardship on black families and children: psychological distress, parenting, and socioemotional development. Child Dev. 61: 311–346.
110 Luhrmann, T. M., Padmavati, R., Tharoor, H., & Osei, A. (2015). Dif-

ferences in voice-hearing experiences of people with psychosis in the USA, India and Ghana: interview-based study. The British Journal of Psychiatry 206(1): 41–44.

111 McNally, R.J. (2003). Psychological mechanisms in acute response to trauma. Biological psychiatry 53(9): 779–788.

112 Kohrt, B.A., & Hruschka, D.J. (2010). Nepali concepts of psychological trauma: the role of idioms of distress, ethnopsychology and ethnophysiology in alleviating suffering and preventing stigma. Culture, Medicine, and Psychiatry 34(2): 322–352.

113 Liebenberg, L., Theron, L.C. (2015). Innovative Qualitative Explorations of Culture and Resilience. In: Theron L., Liebenberg L., Ungar M. (eds). Youth Resilience and Culture. Cross-Cultural Advancements in Positive Psychology, vol 11. Springer, Dordrecht.

114 Roos, V. (2008). The Mmogo-Method: Discovering symbolic community interactions. Journal of Psychology in Africa 18: 659–668.

115 Panter-Brick, C. (2015). Culture and Resilience: Next Steps for Theory and Practice. In: Theron, L., Liebenberg, L., Ungar, M. (eds). Youth Resilience and Culture. Cross-Cultural Advancements in Positive Psychology, vol 11. Springer, Dordrecht.

116 Chou, E.Y., Parmar, B.L., & Galinsky, A.D. (2016). Economic insecurity increases physical pain. Psychological Science 27(4): 443–454.

117 Berger, W., Coutinho, E.S., Figueira, I., Marques-Portella, C., Luz, M.P., Neylan, T.C., Marmar, C.R., & Mendlowicz, M.V. (2012). Rescuers at risk: a systematic review and meta-regression analysis of the worldwide current prevalence and correlates of PTSD in rescue workers. Soc Psychiatry Psychiatr Epidemiol 13(6): 1001–1011.

118 Marmar, C. R (2009). Mental health impact of Afghanistan and Iraq deployment: meeting the challenge of a new generation of veterans. Depress Anxiety 26: 493–497.

119 Hoge, C.W., Castro, C.A., Messer, S.C., McGurk, D., Cotting, D.I., & Koffman, R.L. (2004). Combat duty in Iraq and Afghanistan, mental health problems, and barriers to care. N Engl J Med 351: 13–22.

120 Casey, G.W. Jr (2011). Comprehensive soldier fitness: a vision for psychological resilience in the U.S. Army. Am Psychol 66: 1–3.

121 Quinlan, M., & Bohle, P. (2009). Overstretched and unreciprocated commitment: reviewing research on the occupational health and safety effects of downsizing and job insecurity. Int J Health Serv. 39: 1–44.

122 Sudo, N., Chida, Y., Aiba, Y., Sonoda, J., Oyama, N., Yu, X.N., ... & Koga, Y. (2004). Postnatal microbiol colonization programs the hypothalamic-pituitary-adrenal system for stress response in mice. The Journal of physiology 558(1): 263–275.

123 Neufeld, K. M., Kang, N., Bienenstock, J., Foster, J. A. (2011). Reduced anxiety-like behavior and central neurochemical change in germ free mice. Neurogastroenterol Motil 23: 255–264.

124 Carvalho, K., Ronca, D., Michels, N., Huybrechts, I., Cuenca-Garcia, M., Marcos, A., ... & Moreno, L. (2018). Does the Mediterranean Diet Protect against Stress-Induced Inflammatory Activation in European Adolescents? The HELENA Study. Nutrients 10(11): 1770.

125 Anderson, S. C., Dinan, T., & Cryan, J. F. (2017). The psychobiotic revolution. IA: National Geographic.

126 Stewart, J. C., Rand, K. L., Muldoon, M. F., & Kamarck, T. W. (2009). A prospective evaluation of the directionality of the depression-inflammation relationship. Brain, behavior, and immunity 23(7): 936–944.

127 Provensi, G., Schmidt, S. D., Boehme, M., Bastiaanssen, T. F., Rani, B., Costa, A., ... & Izquierdo, I. (2019). Preventing adolescent stress-induced cognitive and microbiome changes by diet. Proceedings of the National Academy of Sciences, 201820832.

128 Dalleck, L. C., Kravitz, L. (2002). The history of fitness. IDEA Health and Fitness Source 20(2): 26–33.

129 Silverman, M. N., & Deuster, P. A. (2014). Biological mechanisms underlying the role of physical fitness in health and resilience. Interface Focus 4: 20140040.

130 Greenwood, B. N., & Fleshner, M. (2008). Exercise, learned helplessness, and the stress-resistant brain. Neuromol. Med. 10: 81–98.

131 Rimmele, U., Zellweger, B. C., Marti, B., Seiler, R., Mohiyeddini, C., Ehlert, U., & Heinrichs, M. (2007). Trained men show lower cortisol, heart rate and psychological responses to psychosocial stress compared with untrained men. Psychoneuroendocrinology 32: 627–635.

132 Traustadottir, T., Bosch, P. R., & Matt, K. S. (2005). The HPA axis response to stress in women: effects of aging and fitness. Psychoneuroendocrinology 30: 392–402.

133 Hayes, S. M., Hayes, J. P., Cadden, M., & Verfaellie, M. (2013). A review of cardiorespiratory fitness-related neuroplasticity in the aging brain. Front. Aging Neurosci. 5: 31.

134 Erickson, K. I., et al. (2011). Exercise training increases size of hippocampus and improves memory. Proc. Natl Acad. Sci. USA 108: 3017–3022.

135 Ota, K. T., & Duman, R. S. (2013). Environmental and pharmacological modulations of cellular plasticity: role in the pathophysiology and treatment of depression. Neurobiol. Dis. 57: 28–37.

136 Claytor, R. P. (1991). Stress reactivity: hemodynamic adjustments in trained and untrained humans. Med. Sci. Sports Exerc. 23: 873–881.

137 Jackson, E. M., & Dishman, R. K. (2006). Cardiorespiratory fitness and laboratory stress: a meta-regression analysis. Psychophysiology 43: 57–72.

138 Kunutsor, S. K., Khan, H., Laukkanen, T., & Laukkanen, J. A. (2018). Joint associations of sauna bathing and cardiorespiratory fitness on cardiovascular and all-cause mortality risk: a long-term prospective cohort study. Annals of medicine 50(2): 139–146.

139 Genuis, S. J., Birkholz, D., Rodushkin, I., & Beesoon, S. (2011). Blood, urine, and sweat (BUS) study: monitoring and elimination of bioaccumulated toxic elements. Archives of environmental contamination and toxicology 61(2): 344–357.

140 Masuda, A., Nakazato, M., Kihara, T., Minagoe, S., & Tei, C. (2005). Repeated thermal therapy diminishes appetite loss and subjective complaints in mildly depressed patients. Psychosom Med 67: 643–647.

141 Goekint, M., Roelands, B., Heyman, E., Njemini, R., & Meeusen, R. (2011). Influence of citalopram and environmental temperature on exercise-induced changes in BDNF. Neuroscience letters 494: 150–154, doi:10.1016/j.neulet.2011.03001.

142 Hannuksela, M. L., & Ellahham, S. (2001). Benefits and risks of sauna bathing. The American journal of medicine 110: 118–126.

143 Maniam, J., & Morris, M. J. (2010). Voluntary exercise and palatable high-fat diet both improve behavioural profile and stress responses in male rats exposed to early life stress: role of hippocampus. Psychoneuroendocrinology 35(10): 1553–1564.

144 Butler, M. P., et al. (2009). Circadian regulation of endocrine functions. In: Hormones, brain and behavior (2 edn) (Pfaff, D., et al., eds.), pp. 473–505, Academic Press.

145 Leproult, R. et al. (1997). Sleep loss results in an elevation of cortisol levels the next evening. Sleep 20: 865–870.

146 Lange, T., et al. (2010). Effects of sleep and circadian rhythm on the human immune system. Ann. N. Y. Acad. Sci. 1193: 48–59.

147 Jacobson, L., et al. (1988). Circadian variations in plasma corticosterone permit normal termination of adrenocorticotropin responses to stress. Endocrinology 122: 1343–1348.

148 Karatsoreos, I. N., et al. (2011). Disruption of circadian clocks has ramifications for metabolism, brain, and behavior. Proc. Natl. Acad. Sci. U. S. A. 108: 1657–1662.

149 Lowden, A., et al. (2010). Eating and shift work – effects on habits, metabolism and performance. Scand. J. Work Environ. Health 36: 150–162.

150 https://www.dak.de/dak/bundes-themen/muedes-deutschland-schlafstoerungen-steigen-deutlich-an-1885310.html

151 Schwartz, T. (2011). Be Excellent at Anything: The Four Keys To Transforming the Way We Work and Live. FreePress; Reprint edition (February 28).

152 Crowley, S. J., Acebo, C., Carskadon, M. A. (2007). Sleep, circadian rhythms, and delayed phase in adolescence. Sleep Med. 8: 602–612.

153 Evans, M. D. R., Kelley, P., & Kelley, J. (2017). Identifying the best times for cognitive functioning using new methods: matching university times to undergraduate chronotypes. Frontiers in human neuroscience 11: 188.

154 Milani, R. V., Bober, R. M., Lavie, C. J., Wilt, J. K., Milani, A. R., & White, C. J. (2018). Reducing Hospital Toxicity: Impact on Patient Outcomes. The American journal of medicine 131(8): 961–966.

155 Gray, S., Orme, J., Pitt, H., & Jones, M. (2017). Food for Life: evaluation of the impact of the Hospital Food Programme in England using a case study approach. JRSM open 8(10): 2054270417712703.

156 Kobasa, S. C., Maddi, S. R., & Puccetti, M. C. (1982). Personality and exercise as buffers in the stress-illness relationship. J Behav Med. 5(4): 391–404.

157 Goto, A., Yasumura, S., Nishise, Y., & Sakihara, S. (2003). Association of health behavior and social role with total mortality among Japanese elders in Okinawa, Japan. Aging clinical and experimental research 15(6): 443–450.

158 Cockerham, W. C., Hattori, H., & Yamori, Y. (2000). The social gradient in life expectancy: the contrary case of Okinawa in Japan. Social science & medicine 51(1): 115–122.

159 Engeln-Maddox, R. (2005). Cognitive responses to idealized media images of women: The relationship of social comparison and critical processing to body image disturbance in college women. Journal of Social and Clinical Psychology 24(8): 1114–1138.

160 Chopik, W. J. (2017). Associations among relational values, support, health, and well-being across the adult lifespan. Personal relationships 24(2): 408–422.

161 Hyland, P., Shevlin, M., Cloitre, M., Karatzias, T., Vallières, F., McGinty, G., ... & Power, J. M. (2018). Quality not quantity: loneliness subtypes, psychological trauma, and mental health in the US adult population. Social psychiatry and psychiatric epidemiology, 1–11.

162 Original: «Between stimulus and response, there is a space. In that space lies our freedom and our power to choose our response. In our response lies our growth and our happiness.» Herkunft umstritten: https://quoteinvestigator.com/2018/02/18/response/

163 Grossman, P., Niemann, L., Schmidt, S., & Walach, H. (2004). Mindfulness-based stress reduction and health benefits: A meta-analysis. Journal of psychosomatic research 57(1): 35–43.

164 Ledesma, D., & Kumano, H. (2009). Mindfulness-based stress reduction and cancer: a meta-analysis. Psycho-Oncology: Journal of the Psychological, Social and Behavioral Dimensions of Cancer 18(6): 571–579.

165 Kabat-Zinn, J., Lipworth, L., Burncy, R., & Sellers, W. (1986). Four-year follow-up of a meditation-based program for the self-regulation

of chronic pain: treatment outcomes and compliance. The Clinical Journal of Pain 2(3): 159–173.

166 Hofmann, S. G., Sawyer, A. T., Witt, A. A., & Oh, D. (2010). The effect of mindfulness-based therapy on anxiety and depression: A meta-analytic review. Journal of consulting and clinical psychology 78(2): 169.

167 Hölzel, B. K., Lazar, S. W., Gard, T., Schuman-Olivier, Z., Vago, D. R., & Ott, U. (2011). How does mindfulness meditation work? Proposing mechanisms of action from a conceptual and neural perspective. Perspectives on psychological science 6(6): 537–559.

168 Jamieson, J. P., Peters, B. J., Greenwood, E. J., & Altose, A. J. (2016). Reappraising stress arousal improves performance and reduces evaluation anxiety in classroom exam situations. Social Psychological and Personality Science 7(6): 579–587.

169 Jamieson, J. P., Nock, M. K., & Mendes, W. B. (2012). Mind over matter: Reappraising arousal improves cardiovascular and cognitive responses to stress. Journal of Experimental Psychology: General 141(3): 417.

170 Crum, A. J., Akinola, M., Martin, A., & Fath, S. (2017). The role of stress mindset in shaping cognitive, emotional, and physiological responses to challenging and threatening stress. Anxiety, Stress, & Coping 30(4): 379–395.

171 Sheard, M., & Golby, J. (2007). Hardiness and undergraduate academic study: The moderating role of commitment. Personality and Individual Differences 43(3): 579–588.

172 Steptoe, A., & Fancourt, D. (2019). Leading a meaningful life at older ages and its relationship with social engagement, prosperity, health, biology, and time use. Proceedings of the National Academy of Sciences 116(4): 1207–1212.

173 Bickley-Green, C., & Phillips, P. (2003). Using the visual arts and play to solve problems and foster resiliency. Art Education 56: 40–45.

174 Mapp, I., & Koch, D. (2004). Creation of a group mural to promote healing following a mass trauma. In: Mass trauma and violence: Helping families and children cope. Social work practices with children and families. Edited by: Webb, N. B. (pp. 110–119). New York: Guilford.

175 Wu, G., Feder, A., Cohen, H., Kim, J. J., Calderon, S., Charney, D. S., & Mathé, A. A. (2013). Understanding resilience. Frontiers in behavioral neuroscience 7: 10.

176 Larson, C. P. (2007). Poverty during pregnancy: Its effects on child health outcomes. Paediatrics & child health 12(8): 673–677.

177 Kahn, R. S., Wilson, K., & Wise, P. H. (2005). Intergenerational health disparities: socioeconomic status, women's health conditions, and child behavior problems. Public health reports 120(4): 399–408.

178 Olds, D., Henderson Jr, C.R., Cole, R., Eckenrode, J., Kitzman, H., Luckey, D., ... & Powers, J. (1998). Long-term effects of nurse home visitation on children's criminal and antisocial behavior: 15-year follow-up of a randomized controlled trial. Jama 280(14): 1238–1244.

179 Lordier, L., Meskaldji, D.E., Grouiller, F., Pittet, M.P., Vollenweider, A., Vasung, L., ... & Hüppi, P.S. (2019). Music in premature infants enhances high-level cognitive brain networks. Proceedings of the National Academy of Sciences, 201817536.

180 Beider, S., Mahrer, N.E., Gold, J.I. (2007). Pediatric massage therapy: an overview for clinicians. Pediatr. Clin. North. Am. 54: 1025–1041.

181 Underdown, A., Barlow, J., Chung, V., Stewart-Brown, S. (2006). Massage intervention for promoting mental and physical health in infants aged under six months. Cochrane Database Syst. Rev. CD005038.

182 Barlow, J., Coren, E., & Stewart-Brown, S. (2003). Parent-training programmes for improving maternal psychosocial health. Cochrane Database of Systematic Reviews (4).

183 Priel, A., Djalovski, A., Zagoory-Sharon, O., & Feldman, R. (2019). Maternal depression impacts child psychopathology across the first decade of life: Oxytocin and synchrony as markers of resilience. Journal of Child Psychology and Psychiatry 60(1): 30–42.

184 Chang, J.J., Halpern, C.T., & Kaufman, J.S. (2007). Maternal depressive symptoms, father's involvement, and the trajectories of child problem behaviors in a US national sample. Archives of Pediatrics and Adolescent Medicine 161: 697.

185 https://www.cbsnews.com/news/groundbreaking-study-examines-effects-of-screen-time-on-kids-60-minutes/?ftag=CNM-00-10aab7d-&linkId=60784979

186 https://www.who.int/news-room/detail/24-04-2019-to-grow-up-healthy-children-need-to-sit-less-and-play-more

187 Blandon, A.Y., Calkins, S.D., Keane, S.P., & O'Brien, M. (2008). Individual differences in trajectories of emotion regulation processes: The effects of maternal depressive symptomatology and children's physiological regulation. Developmental Psychology 44: 1110–1123.

188 Flook, L., Goldberg, S.B., Pinger, L., & Davidson, R.J. (2015). Promoting prosocial behavior and self-regulatory skills in preschool children through a mindfulness-based kindness curriculum. Developmental psychology 51(1): 44.

189 Yook, Y.S., Kang, S.J., & Park, I. (2017). Effects of physical activity intervention combining a new sport and mindfulness yoga on psychological characteristics in adolescents. International Journal of Sport and Exercise Psychology 15(2): 109–117.

190 Gilligan, R. (2000). Adversity, resilience and young people: The protective value of positive school and spare time experiences. Children & society 14(1): 37–47.

191 Engemann, K., Pedersen, C. B., Arge, L., Tsirogiannis, C., Mortensen, P. B., & Svenning, J. C. (2019). Residential green space in childhood is associated with lower risk of psychiatric disorders from adolescence into adulthood. Proceedings of the National Academy of Sciences, 201807504.

192 Fong, K. C., Hart, J. E., & James, P. (2018). A review of epidemiologic studies on greenness and health: Updated literature through 2017. Curr Environ Health Rep 5: 77–87.

193 Bratman, G. N., Hamilton, J. P., Hahn, K. S., Daily, G. C., & Gross, J. J. (2015). Nature experience reduces rumination and subgenual prefrontal cortex activation. Proceedings of the national academy of sciences 112(28): 8567–8572.

194 Wells, N. M., & Evans, G. W. (2003). Nearby nature: A buffer of life stress among rural children. Environ Behav 35: 311–330.

195 Wahlgren, A. (2013). Das KinderBuch: wie kleine Menschen groß werden. Beltz.

196 Sandseter, E. B. H., & Kennair, L. E. O. (2011). Children's risky play from an evolutionary perspective: The anti-phobic effects of thrilling experiences. Evolutionary psychology 9(2): 147470491100900212.

197 Mercado, M. C., Holland, K., Leemis, R. W., Stone, D. M., & Wang, J. (2017). Trends in emergency department visits for nonfatal self-inflicted injuries among youth aged 10 to 24 years in the United States, 2001–2015. Jama,318(19): 1931–1933.

198 https://www.theguardian.com/society/2018/jul/12/sharp-rise-in-under-19s-being-treated-by-nhs-mental-health-services

199 https://www.theguardian.com/society/2018/sep/04/suicide-rate-rises-among-young-people-in-england-and-wales

200 https://edition.cnn.com/2017/08/03/health/teen-suicide-cdc-study-bn/index.html

201 https://www.srf.ch/news/schweiz/alarmierende-zahlen-immer-mehr-jugendliche-sind-suizidgefaehrdet

202 https://de.statista.com/themen/40/selbstmord/

203 University College London (2010, March 25). Teenagers programmed to take risks. ScienceDaily. Retrieved March 24, 2019 from www.sciencedaily.com/releases/2010/03/100324211144.htm

204 Kelly, Y., Zilanawala, A., Booker, C., & Sacker, A. (2018). Social media use and adolescent mental health: findings from the UK Millennium Cohort Study. EClinicalMedicine 6: 59–68.

205 Haidt, J. (2024). Generation Angst: Wie wir unsere Kinder an die virtuelle Welt verlieren und ihre psychische Gesundheit aufs Spiel setzen. Hamburg: Rowohlt Buchverlag.

206 https://www.theatlantic.com/magazine/archive/2017/09/has-the-smartphone-destroyed-a-generation/534198/

207 https://www.commonsensemedia.org/about-us/news/press-releases/

landmark-report-us-teens-use-an-average-of-nine-hours-of-media-per-day

208 https://theconversation.com/teens-have-less-face-time-with-their-friends-and-are-lonelier-than-ever-113240

209 Hertenstein, M. J., Keltner, D., App, B., Bulleit, B. A., & Jaskolka, A. R. (2006). Touch communicates distinct emotions. Emotion 6(3): 528.

210 Böhme, R. (2019). Human Touch. Warum körperliche Nähe so wichtig ist. C.H.Beck, München.

211 http://time.com/5555737/smartphone-mental-health-teens/

212 Booker, C. L., Skew, A. J., Kelly, Y. J., & Sacker, A. (2015). Media use, sports participation, and well-being in adolescence: Cross-sectional findings from the UK household longitudinal study. American journal of public health 105(1): 173–179.

213 Easterlin, M. C., Chung, P. J., Leng, M., & Dudovitz, R. (2019). Association of team sports participation with long-term mental health outcomes among individuals exposed to adverse childhood experiences. JAMA pediatrics.

214 Marusak, H. A., Elrahal, F., Peters, C. A., Kundu, P., Lombardo, M. V., Calhoun, V. D., ... & Rabinak, C. A. (2018). Mindfulness and dynamic functional neural connectivity in children and adolescents. Behavioural brain research 336: 211–218.

215 Holmberg, C., Larsson, C., Korp, P., Lindgren, E. C., Jonsson, L., Fröberg, A., ... & Berg, C. (2018). Empowering aspects for healthy food and physical activity habits: adolescents' experiences of a school-based intervention in a disadvantaged urban community. International journal of qualitative studies on health and well-being 13(sup1): 1487759.

216 Ho, F. K. W., Louie, L. H. T., Chow, C. B., Wong, W. H. S., & Ip, P. (2015). Physical activity improves mental health through resilience in Hong Kong Chinese adolescents. BMC pediatrics 15(1): 48.

217 Griciūtė, A. (2016). Optimal level of participation in sport activities according to gender and age can be associated with higher resilience: study of Lithuanian adolescents. School Mental Health 8(2): 257–267.

218 Mitchell, F., Gray, S., & Inchley, J. (2015). This choice thing really works ... Changes in experiences and engagement of adolescent girls in physical education classes, during a school-based physical activity programme. Physical Education and Sport Pedagogy 20(6): 593–611.

219 Esteban-Cornejo, I., Tejero-Gonzalez, C. M., Sallis, J. F., & Veiga, O. L. (2015). Physical activity and cognition in adolescents: A systematic review. Journal of Science and Medicine in Sport 18(5): 534–539.

220 Van Boekel, M., Bulut, O., Stanke, L., Zamora, J. R. P., Jang, Y., Kang, Y., & Nickodem, K. (2016). Effects of participation in school sports

on academic and social functioning. Journal of Applied Developmental Psychology 46: 31–40.
221 https://www.zeit.de/2015/08/suizid-gefaehrdung-jugendliche-u25
222 Grossman, J. B., & Tierney, J. P. (1998). Does mentoring work? An impact study of the Big Brothers Big Sisters program. Evaluation review 22(3): 403–426.
223 Smith, R., & Werner, E. (1982). Vulnerable but invincible: A study of resilient children.
224 Nation, M., Crusto, C., Wandersman, A., Kumpfer, K. L., Seybolt, D., Morrissey-Kane, E., & Davino, K. (2003). What works in prevention: Principles of effective prevention programs. American psychologist 58(6–7): 449.
225 Yeager, D. S., Dahl, R. E., & Dweck, C. S. (2018). Why interventions to influence adolescent behavior often fail but could succeed. Perspectives on Psychological Science 13(1): 101–122.
226 Dennis, C. V., Suh, L. S., Rodriguez, M. L., Kril, J. J., & Sutherland, G. T. (2016). Human adult neurogenesis across the ages: an immunohistochemical study. Neuropathology and applied neurobiology 42(7): 621–638.
227 Sorrells, S. F., Paredes, M. F., Cebrian-Silla, A., Sandoval, K., Qi, D., Kelley, K. W., … & Chang, E. F. (2018). Human hippocampal neurogenesis drops sharply in children to undetectable levels in adults. Nature 555(7696): 377.
228 Boldrini, M., Fulmore, C. A., Tartt, A. N., Simeon, L. R., Pavlova, I., Poposka, V., … & Hen, R. (2018). Human hippocampal neurogenesis persists throughout aging. Cell Stem Cell 22(4): 589–599.
229 Kempermann, G., Gage, F. H., Aigner, L., Song, H., Curtis, M. A., Thuret, S., … & Gould, E. (2018). Human adult neurogenesis: evidence and remaining questions. Cell stem cell 23(1): 25–30.
230 Nilsson, M., Perfilieva, E., Johansson, U., Orwar, O., & Eriksson, P. S. (1999). Enriched environment increases neurogenesis in the adult rat dentate gyrus and improves spatial memory. Journal of neurobiology 39(4): 569–578.
231 Lillard, A. S., & Erisir, A. (2011). Old dogs learning new tricks: Neuroplasticity beyond the juvenile period. Developmental review 31(4): 207–239.
232 Leiner, P. (2012). Kaum Verlust der grauen Zellen bei außergewöhnlichen Senioren. MMW-Fortschritte der Medizin 154(16): 7–7.
233 Yu, J., Collinson, S. L., Liew, T. M., Ng, T. P., Mahendran, R., Kua, E. H., & Feng, L. (2019). Super-cognition in aging: Cognitive profiles and associated lifestyle factors. Applied Neuropsychology: Adult, 1–7.
234 Adams, K. B., Sanders, S., & Auth, E. A. (2004). Loneliness and depression in independent living retirement communities: risk and resilience factors. Aging & mental health 8(6): 475–485.

235 Golden, J., Conroy, R. M., Bruce, I., Denihan, A., Greene, E., Kirby, M., & Lawlor, B. A. (2009). Loneliness, social support networks, mood and wellbeing in community-dwelling elderly. International Journal of Geriatric Psychiatry: A journal of the psychiatry of late life and allied sciences 24(7): 694–700.

236 Domajnko, B., & Pahor, M. (2015). Health within limitations: qualitative study of the social aspects of resilience in old age. Ageing International 40(2): 187–200.

237 Krell-Roesch, J., Feder, N. T., Roberts, R. O., Mielke, M. M., Christianson, T. J., Knopman, D. S., … & Geda, Y. E. (2018). Leisure-time physical activity and the risk of incident dementia: the mayo clinic study of aging. Journal of Alzheimer's Disease (Preprint): 1–7.

238 Carver, L., Beamish, R., & Phillips, S. (2018). Successful Aging: Illness and Social Connections. Geriatrics 3(1): 3.

239 Akashe-Böhme, F. / Böhme, G. (2000). Mit Krankheit leben. Von der Kunst, mit Schmerz und Leid umzugehen. München: C.H.Beck.

240 Achenbaum, W. A. (2006). Lars Tornstam, Gerotranscendence: A Developmental Theory of Positive Aging. Ageing & Society 26(4): 670–671.

241 Carver, L. F., & Buchanan, D. (2016). Successful aging: considering non-biomedical constructs. Clinical interventions in aging, 11, 1623.

242 Liu, J. J., Ein, N., Gervasio, J., Battaion, M., Reed, M., & Vickers, K. (2020). Comprehensive meta-analysis of resilience interventions. Clinical psychology review 82, 101919.

Aus dem Verlagsprogramm

Psychologie bei C.H.Beck

Nando Belardi
Supervision und Coaching
Grundlagen, Techniken, Perspektiven
6., aktualisierte Auflage. 2024. 128 Seiten mit 2 Abbildungen
Softcover

Rebecca Böhme
Human Touch
Warum körperliche Nähe so wichtig ist
2019. 192 Seiten mit 10 Abbildungen
Klappenbroschur

Achim Haug
Das kleine Buch von der Seele
Ein Reiseführer durch unsere Psyche und ihre Erkrankungen
1., aktualisierte Auflage in C.H.Paperback. 2024. 207 Seiten
Broschur

Jenny Odell
Nichts tun
Die Kunst, sich der Aufmerksamkeitsökonomie zu entziehen
2. Auflage. 2024. 296 Seiten.
Softcover

C.H.Beck

C.H.BECK WISSEN

Zuletzt erschienen:

2022: Benz, **Der Holocaust**
2043: Gehrke, **Alexander der Große**
2076: Kappeler, **Russische Geschichte**
2151: Brandt, **Das Ende der Antike**
2306: van Ess, **Der Konfuzianismus**
2318: Schallmayer, **Der Limes**
2328: Cancik-Kirschbaum, **Die Assyrer**
2347: Thamer, **Die Französische Revolution**
2448: Conrad, **Deutsche Kolonialgeschichte**
2349: Jursa, **Die Babylonier**
2385: Heyde, **Geschichte Polens**
2399: Stollberg-Rilinger, **Das Heilige Römische Reich Deutscher Nation**
2472: Sarnowsky, **Die Templer**
2457: Moosbauer, **Die Varusschlacht**
2486: Greiner, **Die Kuba-Krise**
2527: Conzen, **Pablo Picasso**
2528: Echinger-Maurach, **Michelangelo**
2570: Korn, **Geschichte der islamischen Kunst**
2575: Pinther, **Die Kunst Afrikas**
2613: Kroll, **Geschichte Sachsens**
2756: Karsten, **Geschichte Venedigs**
2827: Seidensticker, **Islamismus**
2841: Hein, **Die SS**
2856: von der Pfordten, **Menschenwürde**
2858: Asseburg/Busse, **Der Nahostkonflikt**
2887: Schipper, **Geschichte Israels in der Antike**
2934: Anderl, **Dunkle Materie**
2938: Kurz/Schwer, **Geschichte des Designs**
2939: Leopold, **Anne Frank**
2941: Ludowici, **Die Sachsen**
2942: Mauelshagen, **Geschichte des Klimas**
2943: Sasse, **Der Krieg gegen die Ukraine**
2944: von Hirschhausen, **Atomenergie**
2945: Zoske, **Die Weiße Rose**
2946: Esders, **Die Langobarden**
2947: Waechter, **Geschichte Frankreichs**
2948: Borgolte, **Globalgeschichte des Mittelalters**
2949: Calic, **Geschichte des Balkans**